EYEWITNESS *TRAVEL GUIDES*

CZECH
PHRASE BOOK

D0202202

DORLING KINDERSLEY
LONDON • NEW YORK • SYDNEY • MOSCOW

A DORLING KINDERSLEY BOOK

Compiled by Lexus Ltd with Václav Řeřicha

Set in 9/9 Plantin and Plantin Light by Lexus Ltd
with Typesetters Ltd, Hertford
Printed in Great Britain by Cambus Litho

First published in Great Britain in 1997
by Dorling Kindersley Limited
9 Henrietta Street, London WC2E 8PS

A CIP catalogue record is available from the British Library.
ISBN 0-7513-1085-9

CONTENTS

PREFACE

This Czech Phrase Book has the same excellent pedigree as others in the Hugo series, having been compiled by experts to meet the general needs of tourists and business travellers. Arranged under the usual headings of 'Hotel', 'Motoring' and so forth, the ample selection of useful words and phrases is supported by an 1800-line mini-dictionary. By cross-reference to this, scores of additional phrases may be formed. There is also an extensive menu guide listing over 500 dishes or methods of cooking and presentation.

Highlighted sections illustrate some of the replies you may be given, and the signs or instructions you may see or hear. The pronunciation of all words and phrases in the main text is imitated in English sound syllables, and particular characteristics of Czech are illustrated in the Introduction. You should have no difficulty managing the language, especially if you use our audio-cassette of selected extracts from the book. Ask your bookseller for the Hugo Czech Travel Pack.

As you may know, Czechoslovakia has two national languages; Czech is spoken in Bohemia and Moravia by about two-thirds of the population, while Slovak is spoken in Slovakia. Though to some degree different, both languages are understood throughout the whole country. We have therefore used the more dominant Czech in this phrase book.

INTRODUCTION

PRONUNCIATION

When reading the imitated pronunciation, stress the first syllable of each word. Pronounce each syllable as if it formed a part of an English word and you will be understood sufficiently well. If you follow the points below your pronunciation will be even closer to the correct Czech. Use our audio cassette of selected extracts from the book, and you should be word-perfect!

a	as in the unstressed English article 'a' or as the 'u' in 'up' except when it is followed by an *h* and is pronounced like the long 'a' in 'father'
ay	as in 'pay'
e	as in 'bed', except when it is followed by *h* and the sound is longer (as 'ai' in 'bairn')
g	as in 'get'
H	is similar to the 'ch' in the Scottish word 'loch'
i	as in 'bit'
I	as the 'i' sound in 'wine'
o	as in 'hot', except when it is followed by an *h* and is pronounced *oh*
u	as in 'tuck'
y	always as in 'yes' (apart from *ay* above)
zh	like the 's' in 'leisure'

It is important to remember that when **e** comes at the end of a word, it must be pronounced as a separate syllable. For example, the word **moře** should be pronounced *morzheh*. The pronunciation guide in the phrase sections of this book adds an *h* to a final *e* in cases where confusion could arise.

SUMMARY OF SPECIAL CHARACTERISTICS IN CZECH

a similar to the unstressed article 'a' in English or the 'u' in 'up'

á is a long 'a' as in 'father'

c as the 'ts' as in 'cats'

č as the 'ch' in 'church'

d' as the 'd' in 'duty'

é is similar to the 'e' in 'bed' but longer

ě as the 'ye' in 'yet'

h (at the end of a word), **ch** as the 'ch' in the Scottish word 'loch'

í as the 'ee' in 'weed'

j as the 'y' in 'yes'

ň as the first 'n' in 'companion'

ó as the word 'awe'

ř is similar to the Scots rolled 'r' run together with the 's' sound as in 'leisure'

š as the 'sh' in 'ship'

t' as the 't' in 'tune'

ú, ů as the 'oo' in 'moon'

w as the 'v' in 'van'

ý as the 'ee' in 'weed'

ž as the 's' in 'leisure'

The alternatives indicated by *(man)* and *(woman)* in the phrases show the forms to be used by a male or female speaker. Similarly, *(to a man)* and *(to a woman)* indicate the forms to be used when addressing a man or a woman.

USEFUL EVERYDAY PHRASES

Yes/no
Ano/ne
ano/neh

Thank you
Děkuji
d-yekoo-yi

No thank you
Ne, děkuji
neh d-yekoo-yi

Please
Prosím
prosseem

I don't understand
Nerozumím
nerozoomeem

Do you speak English/French/German?
Mluvíte anglicky/francouzsky/německy?
mlooveeteh anglitski/frantsohski/n-yemetski

I can't speak Czech
Nemluvím česky
nemlooveem cheski

I don't know
Nevím
neveem

Please speak more slowly
Mluvte pomalu, prosím
mloovteh pomaloo prosseem

Please write it down for me
Napište mi to, prosím
napishteh mi to prosseem

My name is ...
Jmenuji se ...
yuhmenoo-yi seh

How do you do, pleased to meet you
Těší mě
t-yeshee m-yeh

Good morning
Dobré ráno
dobreh rahno

Good afternoon
Dobré odpoledne
dobreh otpoledneh

Good evening
Dobrý večer
dobree vecher

Good night
Dobrou noc
dobroh nots

Goodbye
Nashledanou
nas-Hledanoh

How are you?
Jak se vám daří?
yak seh vahm darzhee

Excuse me please
S dovolením
zdovoleneem

Sorry? *(pardon?)*
Prosím?
prosseem

Sorry! *(apology)*
Promiňte!
promin-yuhteh

I'm really sorry
Je mi to moc líto
yeh mi to mots leeto

Can you help me?
Můžete mi pomoci?
moozheteh mi pomotsi

Can you tell me ...?
Můžete mi říci ...?
moozheteh mi rzheetsi

Can I have ...?
Mohu dostat ...?
mo-hoo dostat

I would like ...
Rád *(man)*/ráda *(woman)* bych ...
raht/rahda biH

Is there ... here?
Je tady ...?
yeh tadi

Where can I get ...?
Kde mohu dostat ...?
gdeh mo-hoo dostat

How much is it?
Kolik to stojí?
kolik to sto-yee

What time is it?
Kolik je hodin?
kolik yeh hodin

I must go now
Už musím jít
oozh moosseem yeet

I've lost my way
Zabloudil *(man)*/zabloudila *(woman)* jsem
zablohdil/zablohdila yuhsem

Cheers!
Na zdraví!
na zdravee

Do you take credit cards?
Berete úvěrové karty?
bereteh oov-yeroveh karti

Where is the toilet?
Kde je záchod?
gdeh yeh zaHot

Go away!
Jděte pryč!
yuhd-yeteh prich

Excellent!
Výborně!
veeborn-yeh

THINGS YOU'LL HEAR

Ahoj	Hello, Hi, Cheerio
Díky	Thanks
Dobře, děkuji	Very well thank you
- a vy?	- and you?
Jak se vám daří?	How are you?
Těší mě	How do you do, nice to meet you
Nashledanou	Goodbye
Nazdar	Hello, Goodbye
Nerozumím	I don't understand
Nevím	I don't know
Omluvte mě	Excuse me
Opravdu?	Is that so?
Pozor!	Look out!
Prosím	Here you are, Don't mention it
Prosím?	Pardon?
Prosím vás	Excuse me
Sbohem	Goodbye
Správně	That's right
Vítáme vás	You're welcome

11

THINGS YOU'LL SEE

čerstvě natřeno	wet paint
dámy	ladies
muži	gentlemen
na prodej	for sale
návštěvní hodiny	visiting hours
nouzový východ	emergency exit
obsazeno	engaged
otevřeno	open
páni	gentlemen
pitná voda	drinking water
pokladna	cash desk
přímo	straight on
sem	pull
soukromý majetek	private property
táhnout	pull
tam	push
ticho	silence
tlačit	push
úřední hodiny	opening times
vchod	way in, entrance
vstup volný	admission free
vstup zakázán	no admittance
vstupné	entrance fee
východ	way out, exit
výprodej	sale
výtah	lift
záchody	toilets
zavřeno	closed
ženy	ladies

DAYS, MONTHS, SEASONS

Sunday	neděle	*ned-yeleh*
Monday	pondělí	*pond-yelee*
Tuesday	úterý	*ooteree*
Wednesday	středa	*strzheda*
Thursday	čtvrtek	*chuhtvuhrtek*
Friday	pátek	*pahtek*
Saturday	sobota	*sobota*
January	leden	*leden*
February	únor	*oonor*
March	březen	*brzhezen*
April	duben	*dooben*
May	květen	*kv-yeten*
June	červen	*cherven*
July	červenec	*chervenets*
August	srpen	*suhrpen*
September	září	*zahrzhee*
October	říjen	*rzhee-yen*
November	listopad	*listopat*
December	prosinec	*prosinets*
Spring	jaro	*yaro*
Summer	léto	*lehto*
Autumn	podzim	*podzim*
Winter	zima	*zima*
Christmas	vánoce	*vahnotseh*
Christmas Eve	Štědrý večer	*sht-yedree vecher*
New Year	Nový rok	*novee rok*
New Year's Eve	Silvestr	*silvestuhr*

NUMBERS

0 nula *noola*
1 jedna *yedna*
2 dvě *dv-yeh*
3 tři *trzhi*
4 čtyři *chuhtirzhi*

5 pět *p-yet*
6 šest *shest*
7 sedm *sehduhm*
8 osm *ossuhm*
9 devět *dev-yet*

10 deset *desset*
11 jedenáct *yedenahtst*
12 dvanáct *dvanahtst*
13 třináct *trzhinahtst*
14 čtrnáct *chuhtuhrnahtst*
15 patnáct *patnahtst*
16 šestnáct *shestnahtst*
17 sedmnáct *sehduhmnahtst*
18 osmnáct *ossuhmnahtst*
19 devatenáct *devatenahtst*
20 dvacet *dvatset*
21 dvacet jedna *dvatset yedna*
22 dvacet dva *dvatset dva*
30 třicet *trzhitset*
31 třicet jedna *trzhitset yedna*
32 třicet dva *trzhitset dva*
40 čtyřicet *chtirzhitset*
50 padesát *padessaht*
60 šedesát *shedessaht*
70 sedmdesát *sehduhmdessaht*
80 osmdesát *ossuhmdessaht*
90 devadesát *devadessaht*
100 sto *sto*
110 sto deset *sto desset*
200 dvě stě *dv-yeh st-yeh*
300 tři sta *trzhi sta*
400 čtyři sta *chtirzhi sta*
500 pět set *p-yet set*

600	šest set	*shest set*
700	sedm set	*seduhm set*
800	osm set	*ossuhm set*
900	devět set	*dev-yet set*
1,000	tisíc	*tiseets*
10,000	deset tisíc	*desset tiseets*
20,000	dvacet tisíc	*dvatset tiseets*
100,000	sto tisíc	*sto tiseets*
1,000,000	milion	*mili-on*

THE CALENDAR, ORDINAL NUMBERS

1st	první	*puhrvnee*
2nd	druhý	*droohee*
3rd	třetí	*trzhetee*
4th	čtvrtý	*chuhtvuhrtee*
5th	pátý	*pahtee*
6th	šestý	*shestee*
7th	sedmý	*sedmee*
8th	osmý	*ossmee*
9th	devátý	*devahtee*
10th	desátý	*dessahtee*
11th	jedenáctý	*yedenahtstee*
12th	dvanáctý	*dvanahtstee*
13th	třináctý	*trzhinahtstee*
14th	čtrnáctý	*chuhtuhrnahtstee*
15th	patnáctý	*patnahtstee*
16th	šestnáctý	*shestnahtstee*
17th	sedmnáctý	*seduhmnahtstee*
18th	osmnáctý	*ossuhmnahtstee*
19th	devatenáctý	*devatenahtstee*
20th	dvacátý	*dvatsahtee*
21st	dvacátý první	*dvatsahtee puhrvnee*
30th	třicátý	*trzhitsahtee*
31st	třicátý první	*trzhitsahtee puhrvnee*

TIME

today	dnes	*dness*
yesterday	včera	*fchera*
tomorrow	zítra	*zeetra*
the day before yesterday	předevčírem	*przhedeh-fcheerem*
the day after tomorrow	pozítří	*pozeetrzhee*
this week	tento týden	*tento teeden*
last week	minulý týden	*minoolee teeden*
next week	příští týden	*przheeshtee teeden*
this morning		
(early)	dnes ráno	*dness rahno*
(late)	dnes dopoledne	*dness dopoledneh*
this afternoon	dnes odpoledne	*dness otpoledneh*
this evening	dnes večer	*dness vecher*
tonight *(early)*	dnes večer	*dness vecher*
(late)	dnes v noci	*dness vnotsi*
yesterday afternoon	včera odpoledne	*fchera otpoledneh*
last night *(early)*	včera večer	*fchera vecher*
(late)	včera v noci	*fchera vnotsi*
tomorrow morning		
(early)	zítra ráno	*zeetra rahno*
(late)	zítra dopoledne	*zeetra dopoledneh*
tomorrow night		
(early)	zítra večer	*zeetra vecher*
(late)	zítra v noci	*zeetra vnotsi*
in three days	za tři dny	*za trzhi dni*
three days ago	před třemi dny	*przhed trzhemi dni*
late	pozdě	*pozd-yeh*
early	časně	*chassn-yeh*
soon	brzy	*buhrzi*
later on	později	*pozd-yay-i*
at the moment	právě	*prahv-yeh*

second	sekunda	*sekoonda*
minute	minuta	*minoota*
one minute	jedna minuta	*yedna minoota*
two minutes	dvě minuty	*dv-yeh minooti*
quarter of an hour	čtvrt hodiny	*chuhtvuhrt hodini*
half an hour	půl hodiny	*pool hodini*
three quarters of an hour	tři čtvrtě hodiny	*trzhi chuhtvuhrt-yeh hodini*
hour	hodina	*hodina*
that day	ten den	*ten den*
every day	každý den	*kazhdee den*
all day	celý den	*tselee den*
the next day	příští den	*przheeshtee den*

TELLING THE TIME

'It's one o'clock' is **je jedna hodina** (*yeh yedna hodina*); for 'it's two/three/four o'clock' use **jsou** (*yuhsoh*) followed by the number and **hodiny**; the remaining hours to twelve o'clock are simply **je** plus the appropriate number and **hodin**.

For time past the hour always refer to the next hour. For 'half past' use **půl** (*pool*) and specify the next hour. For example: 'half past one' is **půl druhé** (*pool drooheh*), literally 'half of the second'; 'half past seven' is **půl osmé** (*pool ossmeh*), literally 'half of the eighth'. Similarly for 'quarter past' use **čtvrt na** (*chuhtvuhrt na*) and specify the next hour. For example: 'quarter past one' is **čtvrt na dvě** (*chuhtvuhrt na dv-yeh*); 'five past three' is **tři a pět minut** (*trzhi a p-yet minoot*). For 'quarter to' use **tři čtvrtě na** (*thrzhi chuhtvuhrt-yeh na*) and specify the next hour. For example: 'quarter to eight' is **tři čtvrtě na osm** (*trzhi chuhtvuhrt-yeh na ossuhm*).

Any of the expressions given above can be used with **v** meaning 'at'; 'at half past one' is **v půl druhé**.

An alternative way of expressing the time is to say **je jedna hodina dvacet pět minut** (*yeh yedna hodina dvatset p-yet minoot*) 'it's one twenty five' etc.

TIME

am (from 12 pm to 5 am)	v noci	*vnotsi*
am (from 5 to 9 am)	ráno	*rahno*
am (from 9 to 12 am)	dopoledne	*dopoledneh*
pm (from 12 to 5 pm)	odpoledne	*otpoledneh*
pm (from 5 to 10 pm)	večer	*vecher*
pm (from 10 to 12pm)	v noci	*vnotsi*
one o'clock	jedna hodina	*yedna hodina*
ten past one	jedna hodina a deset minut	*yedna hodina a desset minoot*
quarter past one	čtvrt na dvě	*chuhtvuhrt na dv-yeh*
half past one	půl druhé	*pool drooheh*
twenty to two	za dvacet minut dvě	*za dvatset minoot dv-yeh*
quarter to two	tři čtvrtě na dvě	*trzhi chuhtvuhrt-yeh na dv-yeh*
two o'clock	dvě hodiny	*dv-yeh hodini*
13.00	třináct hodin	*trzhinahtst hodin*
16.30	šestnáct třicet	*shestnahtst trzhitset*
at half past five	o půl šesté	*o pool shesteh*
at seven o'clock	v sedm hodin	*fseduhm hodin*
noon	poledne	*poledneh*
midnight	půlnoc	*poolnots*

HOTELS

In well-known tourist centres, visitors will find a wide variety of hotels, ranging from the most expensive five-star accommodation (for which advance booking is recommended) to relatively cheap and simple B or C graded guesthouses. Luxury hotels, known as Interhotels, usually have their own restaurants, wine bars and nightclubs. The spacious bedrooms include en-suite bathroom and W.C., telephone, radio and colour television. Interhotels also operate 24-hour room service and many newer hotels are equipped with saunas, swimming pools and fitness centres.

All over Czechoslovakia, rented accommodation in private flats and houses is becoming increasingly available to tourists. The rooms are fairly large, comfortable and well-furnished but usually have a shared bathroom and W.C. This type of accommodation is good value for money, although owners prefer guests to settle their bills in hard currency (see POST OFFICES AND BANKS p88).

In July and August, mainly in larger towns, visitors can rent very reasonably-priced accommodation from university halls of residence. Halls tend to be cheaper than hotels and are frequently situated in the quiet part of town. Modern halls have well-furnished study-bedrooms with a private W.C. and bathroom. Self-catering facilities are available and although there is no hotel-style service, there is usually a refectory or buffet and a common room with a television and radio.

USEFUL WORDS AND PHRASES

balcony	balkón	*balkawn*
bathroom	koupelna	*kohpelna*
bed	postel	*postel*
bedroom	ložnice	*lozhnitseh*
bill	účet	*oochet*
breakfast	snídaně	*sneedan-yeh*
dining room	jídelna	*yeedelna*

19

dinner	večeře	*vechehr-zheh*
double room	pokoj s dvojlůžkem	*pokoy z dvoylooshkem*
foyer	předsálí	*przhetsahlee*
full board	plná penze	*puhlnah penzeh*
half board	polopenze	*polopenzeh*
hall of residence	studentská kolej	*stoodentskah kolay*
hotel	hotel	*hotel*
key	klíč	*kleech*
lift	výtah	*veetaH*
lounge	hala	*hala*
lunch	oběd	*ob-yet*
manager	ředitel	*rzheditel*
reception	recepce	*retseptseh*
receptionist	recepční	*retsepchnee*
restaurant	restaurace	*restowratseh*
room	pokoj	*pokoy*
room service	donáška do pokoje	*donahshka do poko-yeh*
shower	sprcha	*spr-Ha*
single room	jednolůžkový pokoj	*yedno-looshkovee pokoy*
toilet	záchod	*zaHot*
twin room	dvoulůžkový pokoj	*dvohlooshkovee pokoy*

Have you any vacancies?
Máte volné pokoje?
mahteh volneh poko-yeh

I have a reservation
Mám rezervovaný pokoj
mahm rezervovanee pokoy

I'd like a single/double room
Chtěl *(man)*/chtěla *(woman)* bych jednolůžkový pokoj/pokoj s dvojlůžkem
Ht-yel/Ht-yela biH yedno-looshkovee pokoy/pokoy z dvoylooshkem

I'd like a twin room
Chtěl *(man)*/chtěla *(woman)* bych dvoulůžkový pokoj
Ht-yel/Ht-yela biH dvohloozhkovee pokoy

I'd like a room with a bathroom/with a balcony
Chtěl *(man)*/chtěla *(woman)* bych pokoj s koupelnou/s balkónem
Ht-yel/Ht-yela biH pokoy skohpelnoh/sbalkawnem

I'd like a room for one night/for three nights
Chtěl *(man)*/chtěla *(woman)* bych pokoj na jednu noc/na tři noci
Ht-yel/Ht-yela biH pokoy na yednoo nots/na trzhi notsi

I'm looking for private accommodation
Hledám ubytování v soukromí
hledahm oobitovahnee ʃ-sohkromee

What is the charge per night?
Kolik stojí jedna noc?
kolik sto-yee yedna nots

I don't know yet how long I'll stay
Ještě nevím, jak dlouho tady zůstanu
yesht-yeh neveem yak dloh-ho tadi zoostanoo

REPLIES YOU MAY BE GIVEN

Pokoje s dvoujlůžkem už nemáme
There are no double rooms left

Jednolůžkové pokoje už nemáme
There are no single rooms left

Jak budete platit?
How will you be paying?

→

21

Lituji, máme obsazeno
I'm sorry, we're full

Na kolik nocí?
For how many nights?

Platí se předem, prosím
Please pay in advance

When is breakfast/dinner?
Kdy je snídaně/večeře?
gdi yeh sneedan-yeh/vecherzh-eh

Would you have my luggage brought up?
Nechal *(to a man)*/nechala *(to a woman)* byste přinést má
zavazadla?
neHal/neHala bisteh przhi-nehst mah zavazadla

Please call me at ... o'clock
Prosím, zavolejte mi telefonem v ... hodin
prosseem zavolayteh mi telefonem v ... hodin

Can I have breakfast in my room?
Mohu snídat ve svém pokoji?
mo-hoo sneedat veh svehm poko-yi

I'll be back at ... o'clock
Vratím se v ... hodin
vrateem seh v ... hodin

My room number is ...
Číslo mého pokoje je ...
cheesslo meh-ho poko-yeh yeh

I'm leaving tomorrow
Odjíždím zítra
od-yeezhdeem zeetra

Can I have the bill, please?
Mohu dostat účet, prosím?
mo-hoo dostat oochet prosseem

I'll pay by credit card
Budu platit úvěrovou kartou
boodoo platit oov-yerovoh kartoh

I'll pay cash
Budu platit v hotovosti
boodoo platit vhotovosti

Can you get me a taxi?
Můžete mi zavolat taxi?
moozheteh mi zavolat taksi

Can you recommend another hotel?
Můžete mi doporučit jiný hotel?
moozheteh mi doporoochit yinee hotel

THINGS YOU'LL SEE

bazén	swimming pool
dvoulůžkový pokoj	twin room
holičství	barber's shop
jednolůžkový pokoj	single room
jízdní řád	timetable
kadeřnictví	hairdresser's
kavárna	café
koupelna	bathroom

→

nocleh se snídaní	bed and breakfast
nouzový východ	emergency exit
obědy	lunches
obsazeno	no vacancies
plná penze	full board
polopenze	half board
poschodí	floor
pouze pro personál	staff only
přízemí	ground floor
recepce	reception
restaurace	restaurant
salónek	function room
sem	pull
směnárna	bureau de change
snídaně	breakfast
sprcha	shower
tam	push
tlačit	push
ubytovací řád	hotel rules
účet	bill
vinárna	wine bar
výtah	lift
WC muži	gentlemen
WC ženy	ladies
zadáno	reservation

MOTORING

Czechoslovakia's main roads are of a reasonable standard and there are long stretches of motorway linking the larger towns, including the express highway from Prague (Praha) to Bratislava, bypassing Brno. Traffic regulations and signs are similar to those in other European countries and you should drive on the right and overtake on the left. Vehicles turning left should give way to vehicles coming from the opposite direction and to trams from both directions. A tram signalling right has priority over a vehicle alongside heading in the same direction. The speed limit for cars is 90 kph (56 mph) on ordinary roads and 110kph (68 mph) on motorways, but in built-up areas it is restricted to 60kph (37 mph) between 5 am and 11 pm. Driving after drinking any alcohol at all is strictly forbidden and there are heavy on-the-spot fines for speeding.

90-octane **speciál** petrol (*spetsi-ahl*) and 96-octane **super** (*soop-per*) are readily available as well as diesel. However, lead-free 91-octane **natural** (*natooral*) is only found at a few stations.

While the network of petrol stations and garages is relatively dense, most of them close at night and it is advisable to fill up before a long night journey. An increasing number of private garages are open at the weekend and can provide a towing service. Private garages are more flexible than state-run ones – especially outside Prague and large cities. They tend to be open later and generally provide a quicker service. It is a good idea to bring essential spare parts with you as these can be quite difficult to obtain. Cars can be hired from Pragocar. If you are entering Czechoslovakia by car, you will need a valid international driving licence, evidence of vehicle registration and third-party insurance.

SOME COMMON ROAD SIGNS

centrum	town centre
dej přednost	give way
chodci	pedestrians
jednosměrná ulice	one-way street
konec dálnice	end of motorway
křižovatka	crossroads
max. výška	maximum height
nebezpečí	danger
nebezpečí smyku	danger of skidding
nebezpečná zatáčka	dangerous bend
neparkovat	no parking
nezpevněná krajnice	soft verges
objížd'ka	diversion
odtahová služba	towing service
opravna automobilů	service station
parkoviště	car park
podchod	subway
podjezd	underpass
pomalu	slow
pozor	caution
pozor, děti!	caution, children
pozor! na cestě se pracuje	caution, roadworks
průjezd zakázán	no thoroughfare
první pomoc	first aid
silnice se v zimě neudržuje	road not cleared in winter
stezka pro cyklisty	cyclists only
úsek častých nehod	accident blackspot
vjezd zakázán	no entry
výjezd	exit
zákaz parkování	no parking
zákaz předjíždění	no overtaking
zákaz vstupu	no trespassing
změna přednosti v jízdě	change in the right of way
železniční přejezd	railway crossing

USEFUL WORDS AND PHRASES

automatic	automatický	*owtomatitskee*
breakdown	porucha	*porooHa*
brake *(noun)*	brzda	*buhruhzda*
car	auto	*owto*
caravan	obytný přívěs	*obitnee przheev-yes*
clutch	spojka	*spoyka*
crossroads	křižovatka	*krzhi-zhovatka*
drive *(verb)*	řídit	*rzheedit*
engine	motor	*motor*
exhaust	výfuk	*veefook*
fanbelt	řemen ventilátoru	*rzhemen ventilahtoroo*
garage *(for repairs)*	opravna automobilů	*opravna owtomobiloo*
(for petrol)	benzínová stanice	*benzeenovah stanitseh*
gear	rychlost	*riHlost*
headlights	přední světla	*przhednee sv-yetla*
junction *(on motorway)*	křižovatka dálniční	*krzhi-zhovatka dahlnichnee*
licence	řidičský průkaz	*rzhidichskee prookas*
lorry	nákladní automobil	*nahkladnee owtomobil*
manual	ruční	*roochnee*
mirror	zrcátko	*zuhr-tsahtko*
motorbike	motocykl	*mototsikl*
motorway	dálnice	*dahlnitseh*
number plate	státní poznávací značka	*stahtnee poznahvatsee znachka*
petrol	benzín	*benzeen*
rear lights	zadní světla	*zadnee sv-yetla*
road	silnice	*silnitseh*
skid *(verb)*	dostat smyk	*dostat smik*
spares	náhradní díly	*nah-hradnee deeli*
speed *(noun)*	rychlost	*riHlost*
speed limit	omezení rychlosti	*omezenee riHlosti*
speedometer	tachometr	*taHo-metuhr*
steering wheel	volant	*volant*

tow	táhnout	*tah-huhnoht*
traffic lights	semafor	*semafor*
wheel	kolo	*kolo*
windscreen	přední sklo	*przhednee sklo*
windscreen wiper	stěrač	*st-yehrach*

I'd like some petrol/oil/water
Potřebuji benzín/olej/vodu
potrzheboo-yi benzeen/olay/vodoo

Fill her up, please!
Plnou nádrž, prosím!
plnoh nah-duhruhzh prosseem

I'd like 10 litres of petrol
Prosím deset litrů benzínu
prosseem deset litroo benzeenoo

Would you check the tyres, please?
Zkontrolujte, prosím, pneumatiky
skontroloo-yuhteh prosseem pneh-oomatiki

Do you do repairs?
Děláte opravy?
d-yelahteh opravi

Can you repair the clutch?
Můžete opravit spojku?
moozheteh opravit spoykoo

How long will it take?
Jak dlouho to bude trvat?
yak dloh-ho to boodeh tuhrvat

Where can I park?
Kde mohu parkovat?
gdeh mo-hoo parkovat

Can I park here?
Mohu tady parkovat?
mo-hoo tadi parkovat

Where is the nearest garage?
Kde je nejbližší opravna?
gdeh yeh nay-blishee opravna

How do I get to …?
Jak se dostanu do …?
yak seh dostanoo do

Is this the road to …?
Je toto cesta do …?
yeh toto tsesta do

DIRECTIONS YOU MAY BE GIVEN

druhá nalevo	second on the left
nalevo	on the left
napravo	on the right
první napravo	first on the right
rovně	straight on
za …	past the …
zabočte doleva	turn left
zabočte doprava	turn right

There is something wrong with the engine
Něco je s motorem
n-yetso yeh smotorem

The engine is overheating
Motor se moc zahřívá
motor seh mots za-hrzheevah

The brakes are binding
Brzdy blokují
buhrzuhdi blokoo-yee

I need a new tyre
Potřebuji novou pneumatiku
potrzheboo-yi novoh pneh-oomatikoo

I'd like to hire a car
Rád *(man)*/ráda *(woman)* bych si pronajal/pronajala auto
rahd/rahda biH si pronI-al/pronI-ala owtoo

Is there a mileage charge?
Platí se za ujeté kilometry?
platee seh za oo-yeteh kilometri

REPLIES YOU MAY HEAR

Chtěl byste automatické nebo ruční řazení?
Would you like an automatic or a manual?

Můžete mi ukázat váš řidičský průkaz?
May I see your licence?

THINGS YOU'LL SEE

benzín	petrol
benzínová stanice	petrol station
bezolovnatý	lead-free
dálnice	motorway
hladina oleje	oil level
hlídané parkoviště	car park with attendant
kouření zakázáno	no smoking
motorová nafta	diesel oil
motorový olej	engine oil
odtahová služba	towing service
opravy	repairs
pozor!	caution!
speciál	90-octane petrol
super	96-octane petrol
vítáme vás!	welcome!
východ	exit

RAIL AND COACH TRAVEL

The railway network in Czechoslovakia is extensive and services between cities and popular resorts are relatively frequent. Off the main routes, local trains, although fairly slow, pass through many 'undiscovered' towns and villages and some very attractive mountain scenery. Rail fares within Czechoslovakia are fairly cheap compared to Western Europe but the standard of comfort on some trains is not usually as high. The traveller should note that changing trains off the main routes can be a lengthy process. First-class travel on express trains is recommended for longer journeys as it is quite comfortable and, of course, faster. Restaurant cars sell good beer, snacks and meals at reasonable prices.

Tickets are more expensive for faster than slower trains on the same route. You should check that you have the right sort of ticket at the time of purchase, otherwise you'll be liable to pay an extra charge if obliged to upgrade your ticket on the train.

Long-distance coaches are dearer and generally faster than trains. On some busy routes, for example Praha (Prague)-Brno, it is wise to reserve your seat in advance. The number of international bus routes is small at present but is steadily increasing.

USEFUL WORDS AND PHRASES

booking office	místenková pokladna	*meesstenkovah pokladna*
buffet	bufet	*boofet*
carriage	vagón	*vagawn*
coach	autobus	*owtoboos*
coach station	autobusové nádraží	*owtoboosoveh nahdrazhee*
coach stop	autobusová zastávka	*owtoboosovah zastahfka*
compartment	kupé	*koopeh*
connection	spoj, přípoj	*spoy, przheepoy*
emergency brake	záchranná brzda	*zahHranah buhruhzda*
engine	lokomotiva	*lokomotiva*

entrance	vchod	*fHot*
exit	východ	*veeHot*
first class	první třída	*puhruhvnee trzheeda*
get in	nastoupit	*nastohpit*
get out	vystoupit	*vistohpit*
guard	průvodčí	*proovotchee*
indicator board	ukazatel příjezdů a odjezdů	*ookazatel przhee-yezdoo a od-yezdoo*
left luggage	úschovna zavazadel	*oossHovna zavazadel*
lost property	ztráty a nálezy	*strahti a nahlezi*
luggage trolley	vozík na zavazadla	*vozeek na zavazadla*
luggage van	zavazadlový vůz	*zavazadlovee voos*
platform	nástupiště	*nahstoopisht-yeh*
rail	kolej	*kolay*
railway	železnice	*zheleznitseh*
reserved seat	rezervované místo	*rezervovaneh meessto*
restaurant car	jídelní vůz	*yeedelnee voos*
return ticket	zpáteční jízdenka	*spahtechnee yeezdenka*
seat	místo	*meessto*
second class	druhá třída	*droohah trzheeda*
single ticket	jednoduchá jízdenka	*yednodooHah yeezdenka*
sleeping car	spací vůz	*spatsee voos*
station	stanice	*stanitseh*
station master	výpravčí	*veeprafchee*
ticket	jízdenka	*yeezdenka*
ticket collector	průvodčí	*proovotchee*
timetable	jízdní řád	*yeezdnee rzhaht*
tracks	koleje	*kolay-eh*
train	vlak	*vlak*
waiting room	čekárna	*chekahrna*
window	okno	*okno*

Where is the coach station?
Kde je autobusové nádraží?
gdeh yeh owtoboosoveh nahdrazhee

When does the train/coach for ... leave?
Kdy odjíždí vlak/autobus do ...?
gdi od-yeezhdee vlak/owtoboos do

When does the train from ... arrive?
Kdy přijíždí vlak z ...?
gdi przhi-yeezhdee vlak z

When is the next train/coach to ...?
Kdy jede příští vlak/autobus do ...?
gdi yedeh przheeshtee vlak/owtoboos do

When is the first train/coach to ...?
Kdy jede první vlak/autobus do ...?
gdi yedeh puhruhvnee vlak/owtoboos do

When is the last train/coach to ...?
Kdy jede poslední vlak/autobus do ...?
gdi yedeh posslednee vlak/owtoboos do

What is the fare to ...?
Kolik stojí jízdenka do ...?
kolik sto-yee yeezdenka do

Do I have to change?
Musím přesedat?
moosseem przhesedat

Does the train stop at ...?
Staví tento vlak v ...?
stavee tento vlak v

How long does it take to get to ...?
Jak dlouho trvá cesta do ...?
yak dloh-ho tuhrvah tsesta do

A single/return ticket to ... please
Prosím jednoduchý/zpáteční lístek do ...
prosseem yednodooHee/spahtechnee leestek do

Do I have to pay a supplement?
Musím zaplatit doplatek?
mvosseem zaplatit doplatek

I'd like to reserve a seat
Rád *(man)*/ráda *(woman)* bych si koupil/koupila místenku
raht/rahda biH si kohpil/kohpila meesstenkoo

Is this the right train for ...?
Je toto správný vlak do ...?
yeh toto sprahvni vlak do

Is this the right platform for the ... train?
Je toto správné nástupiště vlaku do ...?
yeh toto sprahvneh nahstoopisht-yeh vlakoo do

Which platform for the ... train?
Z kterého nástupiště jede vlak do ...?
s-ktereh-ho nahstoopisht-yeh yedeh vlak do

Is the train late?
Má tento vlak zpoždění?
mah tento vlak spozhd-yenee

Could you help me with my luggage, please?
Pomohl *(to a man)*/pomohla *(to a woman)* byste mi se zavazadly, prosím?
pomohl/pomohla bisteh mi seh zavazadli prosseem

Is this a non-smoking compartment?
Je toto oddělení pro nekuřáky?
yeh toto od-yelenee pro nekoorzhahki

Is this seat free?
Je toto místo volné?
yeh toto meessto volneh

This seat is taken
Toto místo je obsazeno
toto meessto yeh opssazeno

I have reserved this seat
Mám místenku na toto místo
mahm meesstenkoo na toto meessto

May I open the window?
Mohu otevřít okno?
mo-hoo otevrzheet okno

May I close the window?
Mohu zavřít okno?
mo-hoo zavrzheet okno

When do we arrive in ...?
Kdy přijedeme do ...?
gdi puhrzhi-yedemeh do

What station is this?
Na které jsme zastávce?
na kuhtereh yuhsmeh zastahftseh

Do we stop at ...?
Staví tento vlak v ...?
stavee tento vlak v

Would you keep an eye on my things for a moment?
Pohlídal *(to a man)*/pohlídala *(to a woman)* byste mi na chvíli
moje věci?
po-hleedal/po-hleedala bisteh mi na Hveeli mo-yeh v-yetsi

Is there a restaurant car on this train?
Je v tomto vlaku jídelní vůz?
yeh f-tomto vlakoo yeedelnee voos

THINGS YOU'LL SEE AND HEAR

autobus	coach
autobusové nádraží	coach station
cesta	journey
čekárna	waiting room
Československé státní dráhy (ČSD)	Czechoslovak State Railways
druhá třída	second class
expres	express train
hlavní nádraží	main station
informace	information
jen v neděli	on Sundays only
jen ve svátky	on public holidays only
jen ve všední dny	on weekdays only
jízdenka	ticket
jízdní řád	timetable
kouření zakázáno	no smoking
kromě neděle	Sundays excepted
kupé	compartment
kuřáci	smokers
k vlakům	to the trains
lístek	ticket
mezinárodní	international
místenka	seat-reservation ticket
místenková pokladna	reservation office
nákladní vlak	goods train
nástupiště	platform
nejede v ...	does not run on ...
nestaví v ...	does not stop in ...

→

nevyklánějte se z okna	do not lean out of the window
noviny-časopisy	newspaper kiosk
občerstvení	snacks
obsazeno	engaged
oddělení	compartment
odjezdy	departures
osobní vlak	local train
perónka	platform ticket
pokladna	ticket office
první třída	first class
příjezdy	arrivals
rychlík	fast train
sleva	discount
směnárna	bureau de change
spací vagón	sleeping car
studentská sleva	student discount
úschovna zavazadel	left luggage
vagón	carriage
vchod	entrance
volno	vacant
vstup zakázán	no entry
východ	exit
výdejna jízdenek	ticket office
výstup	exit
záchranná brzda	emergency brake
zneužití se trestá	penalty for misuse
zpáteční jízdenka	return ticket
zpoždění	delay

Jízdenky, prosím
Tickets, please

Kontrola jízdenek
Tickets, please

→

Nastupovat!
All aboard!

Pozor!
Attention!

Vlak číslo ... bude na příjezdu asi... minut opožděn
Train number ... will be delayed by ... minutes

Vlak do ... přijede k nástupišti ...
The train to ... will arrive at platform number ...

AIR TRAVEL

Czechoslovak Airlines (ČSA) have an intercontinental network of
about thirty destinations plus another forty destinations in Europe.
Domestic flights between the main Czech and Slovak cities are
frequent and in the holiday season there are regular flights between
Prague and popular spas in Bohemia and Slovakia. ČSA provides
a bus service between the air terminals and airports in Prague and
Bratislava and in each case the journey takes about thirty minutes.
There is a regular city bus service, 119, which will take you from
Prague airport to a convenient underground station. ČSA runs a
reasonably priced duty-free shop on the first floor of the capital's
airport and provides hotel accommodation, car rental and other
services for foreign visitors. A comprehensive timetable is published
twice a year. All major credit cards are accepted.

USEFUL WORDS AND PHRASES

aircraft	letadlo	*letadlo*
air hostess	letuška	*letooshka*
airline	letecká linka	*letetskah linka*
airport	letiště	*letisht-yeh*
airport bus	letištní autobus	*letishtnee owtoboos*
aisle	ulička	*oolichka*
arrival	přílet	*przheelet*
baggage claim	výdej zavazadel	*veeday zavazadel*
boarding card	palubní vstupenka	*paloobnee fstoopenka*
check-in desk	přepážka odbavení	*przhepahshka odbavenee*
customs	clo	*tslo*
delay	zpoždění	*spozhd-yenee*
departure	odlet	*odlet*
departure lounge	odletová hala	*odletovah hala*
duty-free shop	prodejna bezcelního zboží	*prodayna bestselneeho zbozhee*

emergency exit	nouzový východ	*nohzovee veeHot*
flight	let	*let*
flight number	číslo letu	*cheesslo letoo*
gate	východ	*veeHot*
jet	proudové letadlo	*prohdoveh letadlo*
land *(verb)*	přistát	*przhistaht*
long distance flight	dálkový let	*dahlkovee let*
passport	pas	*pas*
passport control	pasová kontrola	*passovah kontrola*
pilot	pilot	*pilot*
runway	ranvej	*ranvay*
seat	místo	*meessto*
seat belt	bezpečnostní pás	*bespechnostnee pahs*
steward	stevard	*stevart*
stewardess	stevardka	*stevartka*
take-off *(noun)*	start	*start*
window	okno	*okno*
wing	křídlo	*krzheedlo*

When is there a flight to ...?
Kdy letí letadlo do ...?
gdi letee letadlo do

What time does the flight to ... leave?
Kdy odlétá letadlo do ...?
gdi odlehtah letadlo do

Is it a direct flight?
Je to přímý let?
yeh to przheemee let

Do I have to change planes?
Musím přesedat?
moosseem przhe-sedat

When do I have to check in?
Kdy se musím dostavit k odbavení?
gdi seh moosseem dostavit kodbavenee

I'd like a single/return ticket to ...
Prosím jednoduchý/zpáteční lístek do ...
prosseem yednodooHee/spahtechnee leestek do

I'd like a non-smoking seat, please
Prosím nekuřácké místo
prosseem nekoorzhah-tskeh meessto

I'd like a window seat, please
Prosím místo u okna
prosseem meessto oo okna

How long will the flight be delayed?
Jak dlouho bude let opožděn?
yak dloh-ho boodeh let opozhd-yen

Which gate for the flight to ...?
Kde je východ pro let do ...?
gdeh yeh veeHot pro let do

When do we arrive in ...?
Kdy přiletíme do ...?
gdi przhileteemeh do

May I smoke now?
Mohu už kouřit?
mo-hoo oosh kohrzhit

I do not feel very well
Je mi špatně
yeh mi shpatn-yeh

THINGS YOU'LL SEE AND HEAR

celní kontrola	customs control
cestující	passengers
ČSA	Czechoslovak Airways
číslo	number
informace	information
kuřáci	smokers
let	flight
letadlo	aircraft
mezipřistání	intermediate stop
místní čas	local time
nekuřáci	non-smokers
nekuřte, prosím	no smoking please
nouzový východ	emergency exit
občerstvení	refreshments
odbavení	check-in
odlety	departures
pasová kontrola	passport control
plánovaný let	scheduled flight
přílety	arrivals
přímý let	direct flight
stevard/stevardka	steward/stewardess
upevněte si bezpečnostní pás	fasten seat belt
vnitrostátní linky	domestic flights
východ	gate
výdej zavazadel	baggage claim
zahraniční linky	international flights
zpoždění	delay

Dostavte se k východu číslo ...
Please go now to gate number ...

LOCAL TRANSPORT, TAXI AND BOAT

Buses are the main form of public transport, but trams also operate in some city centres and there are still trolley-buses in a few towns. The Prague underground is relatively small but it is efficient and modern. Flat fare tickets can be bought in advance at newspaper stands, tobacconists and underground stations. Tickets must be stamped in an automatic machine after boarding a tram or a bus and underground tickets must be stamped at the time of entry to the underground; they become invalid after 90 minutes or when the passenger leaves the underground. Although fares are fairly cheap, fines for non-payment are heavy and tickets are often checked. Younger people are encouraged to offer their seats to the disabled and elderly.

On weekdays, public transport is frequent and some bus services in Prague operate during the night. However, it is best to check the timetable for Sunday services and last bus and tram times.

Taxis are fairly expensive and rarely seen in smaller towns. Taxi drivers, like hairdressers and waiters, expect a tip but will often advise on local accommodation and entertainment. Passengers should check that the taximeter is on as they set off and unmarked 'taxis' should be avoided.

Boat services are quite rare and mostly consist of pleasure trips on several rivers and lakes. One of the few exceptions is the boat service between Bratislava and Vienna.

USEFUL WORDS AND PHRASES

adult	dospělý	*dosp-yelee*
boat	loď	*lot-yuh*
bus	autobus	*owtoboos*
bus stop	zastávka autobusu	*zastahfka owtoboosoo*
child	dítě	*deet-yeh*
coach	autobus (dálkový)	*owtoboos dahlkovee*
conductor	průvodčí	*proovotchee*

LOCAL TRANSPORT, TAXI AND BOAT

connection	spoj	*spoy*
driver	řidič	*rzhidich*
fare	jízdné	*yeezdneh*
ferry	převoz	*przhevos*
lake	jezero	*yezero*
network map	mapa dopravní sítě	*mapa dopravnee seet-yeh*
number 5 bus	autobus číslo pět	*owtoboos cheesslo p-yet*
passenger	cestující	*tsestoo-yeetsee*
river	řcka	*rzheka*
seat	místo	*meessto*
station	stanice	*stanitseh*
subway (underpass)	podchod	*potHot*
taxi	taxi	*taksi*
terminus	konečná	*konechnah*
ticket	lístek	*leestek*
tram	tramvaj	*tramvI*
underground	metro	*metro*

Where is the nearest underground station?
Kde je nejbližší stanice metra?
gdeh yeh nayblizhshee stanitseh metra

Where is the bus station?
Kde je autobusové nádraží?
gdeh yeh owtoboosoveh nahdrazhee

Where is there a bus stop?
Kde je tady zastávka autobusu?
gdeh yeh tadi zastahfka owtoboosoo

Where is there a tram/trolley-bus stop?
Kde je tady zastávka tramvaje/trolejbusu?
gdeh yeh tadi zastahfka tramvI-eh/trolayboosoo

Which buses go to …?
Které autobusy jedou do …?
ktereh owtoboosi yedoh do

How often do the buses to … run?
Jak často jede autobus do … ?
yak chasto yedeh owtoboos do

Would you tell me when we get to …?
Řekl *(to a man)*/řekla *(to a woman)* byste mi, kdy se dostaneme
do …?
rzhekuhl/rzhekla bisteh mi gdi seh dostanemeh do

Do I have to get off yet?
Musím už vystoupit?
moosseem oosh vistohpit

How do you get to …?
Jak se člověk dostane do …?
yak seh chlov-yek dostaneh do

Is it very far?
Je to hodně daleko?
yeh to hodn-yeh daleko

I want to go to …
Chci jet do …
Htsi yet do

Do you go near …?
Jedete blízko …?
yedeteh bleesko

Where can I buy a ticket?
Kde si mohu koupit lístek?
gdeh si mo-hoo kohpit leestek

Could you close the window?
Mohl *(to a man)*/mohla *(to a woman)* byste zavřít okno?
mohuhl/mohla bisteh zavrzheet okno

Could you open the window?
Mohl *(to a man)*/mohla *(to a woman)* byste otevřít okno?
mohuhl/mohla bisteh otevrzheet okno

Could you help me get a ticket?
Mohl *(to a man)*/mohla *(to a woman)* byste mi pomoci koupit lístek?
mohuhl/mohla bisteh mi pomotsi kohpit leestek

When does the last bus leave?
Kdy odjíždí poslední autobus?
gdi od-yeezhdee poslednee owtoboos

THINGS YOU'LL SEE AND HEAR

děti	children
dospělí	adults
jízdenky prosím	tickets please
konečná	terminus
kontrola jízdenek	tickets please
kouření zakázáno	no smoking
lístek	ticket
lístek na autobus	bus ticket
lístek na metro	underground ticket
nastupujte vpředu	enter at the front
nastupujte vzadu	enter at the rear
nástup	entrance
nemluvte za jízdy s řidičem	do not speak to the driver when the vehicle is in motion
nevystupovat	do not get out

→

47

nouzový východ	emergency exit
obsazený	full up
odjezd	departure
platit	to pay
plný	full
předložte jízdenky	tickets please
přesedat	to change
revizor	ticket inspector
řidič	driver
sedadlo	seat
stanoviště taxi	taxi rank
trasa	route
ukázat	to show
ukončete výstup a nástup, dveře se zavírají!	stand back please, the doors are closing!
východ	exit
vystupovat	to get off
zastávka	stop

DOING BUSINESS

Czechoslovakia is in the process of changing to a market economy and it is now possible for foreigners to set up their own businesses in the country or to invest in an existing company. Joint ventures can be established in practically all areas apart from national defence and security, and foreigners are now allowed to own 100 per cent of shares in a Czech-based enterprise. The authorization procedure for setting up in business has recently been greatly simplified – authorization is generally granted by the Federal Ministry of Finance or, if the enterprise is in the banking sector, by the State Bank. The traditional industries of the country, the high level of general education, the low foreign debt and the European cultural and social background are advantages for the Westerner wishing to do business in Czechoslovakia. In addition, English is widely spoken in business circles, telex is common and fax is becoming increasingly available.

USEFUL WORDS AND PHRASES

accept	přijmout	*przhi-yuhmoht*
accountant	účetní	*oochetnee*
accounts department	účtárna	*oochtahrna*
advertisement	inzerát	*inzeraht*
advertising	reklama	*reklama*
airfreight *(verb)*	dopravit letecky	*dopravit letetski*
bid *(noun)*	nabídka	*nabeetka*
board *(of directors)*	správní rada	*sprahvnee rada*
brochure	brožura	*brozhoora*
business card	vizitka	*vizitka*
businessman	obchodník	*opHodneek*
chairman	předseda	*przhetseda*
cheap	levný	*levnee*
client	klient	*kli-ent*

49

company	společnost	*spolechnost*
computer	počítač	*pocheetach*
consumer	spotřebitel	*spotrzhebitel*
contract	smlouva	*smlohva*
cost	cena	*tsena*
customer	zákazník	*zahkazneek*
director	ředitel	*rzheditel*
discount	sleva	*sleva*
documents	doklady	*dokladi*
down payment	záloha	*zahloha*
engineer	inženýr	*inzheneer*
(technician)	technik	*teHnik*
executive	vyšší úředník	*vishee oorzhedneek*
expensive	drahý	*drahee*
exports	celkový vývoz	*tselkovee veevos*
fax	fax	*faks*
import (verb)	importovat, dovážet	*importovat, dovahzhet*
imports	celkový dovoz	*tselkovee dovos*
instalment	splátka	*splahtka*
invoice (noun)	faktura	*faktoora*
(verb)	fakturovat	*faktoorovat*
letter	dopis	*dopis*
letter of credit	akreditiv	*akreditif*
loss	ztráta	*strahta*
manager	provozní ředitel	*provoznee rzheditel*
manufacture	výroba	*veeroba*
market	trh	*tuhrH*
marketing	marketink	*marketink*
meeting	schůze	*sHoozeh*
negotiations	jednání	*yednahnee*
offer	nabídka	*nabeetka*
order (noun)	objednávka	*ob-yednahfka*
(verb)	objednat	*ob-yednat*
personnel	personál	*personahl*
price	cena	*tsena*
product	výrobek	*veerobek*
production	výroba	*veeroba*

profit	zisk	*zisk*
promotion *(publicity)*	propagace	*propagatseh*
purchase order	objednávka	*ob-yednahfka*
sales department	obchodní oddělení	*opHodnee od-yelenee*
sales director	obchodní ředitel	*opHodnee rzheditel*
sales figures	prodejní výsledky	*prodaynee veesletki*
secretary *(female)*	sekretářka	*sekretahrzhka*
shipment	lodní zásilka	*lodnee zahsilka*
tax	daň	*dan-yuh*
telex	telex	*teleks*
tender	tendr	*tenduhr*
total	celková částka	*tselkovah chahstka*

My name is ...
Jmenuji se ...
yuhmenoo-yi seh

Here's my card
Zde je má vizitka
zdeh yeh mah vizitka

Pleased to meet you
Těší mě
t-yeshee m-yeh

May I introduce ...?
Mohu vám představit ...?
mo-hoo vahm przhetstavit

My company is ...
Moje společnost je ...
mo-yeh spolechnost yeh

Our product is selling very well in the UK market
Náš výrobek se prodává velmi dobře na britském trhu
nahsh veerobek seh prodahvah velmi dobrzheh na britskehm tuhrhoo

We are looking for partners in Czechoslovakia
Hledáme partnery v Československu
hledahmeh partneri v cheskoslovenskoo

At our last meeting ...
Při naší minulé schůzce ...
przhi nashee minooleh sHoostseh

10%/25%/50%
deset procent/dvacet pět procent/padesát procent
deset protsent/dvatset p-yet protsent/padesaht protsent

More than ...
Více než ...
veetseh nesh

Less than ...
Méně než ...
mehn-yeh nesh

On schedule
Přesně
przhesn-yeh

We're slightly behind schedule
Máme trochu zpoždění
mahmeh troHoo spozhd-yenee

Please accept our apologies
Prosím přijměte naši omluvu
prosseem przhi-yuhm-yeteh nashee omloovoo

There are good government grants available
K dispozici jsou slušné státní dotace
gdispozitsi yuhsoh slooshnee stahtnee dotatseh

It's a deal
Ujednáno
oo-yednahno

I'll have to check that with my chairman
Musím to projednat s naším předsedou
moosseem to pro-yednat snasheem przhetsedoh

I'll get back to you on that
Budu s vámi o tom znovu jednat
boodoo svahmi o tom znovoo yednat

Our quote will be with you very shortly
Naši nabídku dostanete velmi brzy
nashee nabeetkoo dostaneteh velmi buhrzi

We'll send it by telex
Pošleme to telexem
poshlemeh to teleksem

We'll send them airfreight
Pošleme je letecky
poshlemeh yeh letetski

It's a pleasure to do business with you
Obchodovat s vámi je potěšením
opHodovat svahmi yeh pot-yesheneem

We look forward to a mutually beneficial business relationship
Těšíme se na budoucí vzájemně výhodné obchodní vztahy
t-yesheemeh seh na boodohtsee vzI-emn-yeh veehodneh opHodnee fstahi

RESTAURANTS

Restaurants – **restaurace** (*restowratseh*) – are divided into four price categories. The first category (**cenová skupina**) and some of the second can be fairly expensive. A wide variety of both Czech and international food is available and Chinese and Indian restaurants have recently become popular. Ethnic restaurants and those in the higher price categories usually require advance booking.

Food in cheaper restaurants varies depending on the season, region and initiative of the manager or owner. Small pubs in the mountain regions of Bohemia and Slovakia often serve interesting local dishes. Roast pork with dumplings and sauerkraut (**vepřová pečeně s knedlíky a se zelím,** *veprzhovah pechen-yeh sknedleeki a se zeleem*) is a popular dish, cutting through price categories and found almost everywhere. In big hotels and more upmarket restaurants, game is available in season, and haunch of venison in cream sauce (**srnčí kýta na smetaně,** *sruhnchee keeta na smetan-yeh*) is recommended. Those who like freshwater fish, should try trout in herb butter (**pstruh na másle,** *puhstrooH na mahsleh*). Meat and fish in restaurants are sold by weight. While meat still plays an important role in Czech and Slovak food culture, some vegetarian dishes are available.

Popular snacks in lower-priced restaurants include tripe soup (**dršťková polévka,** *druhsht-yehkovah polehfka*), goulash soup (**gulášová polévka,** *goolashovah polehfka*) and stewed pork with paprika and rice (**vepřové na paprice s rýží,** *veprzhoveh na papritseh s reezhee*). Goulash with dumplings, or just with a roll as a snack, should be of reasonable quality anywhere.

If in search of local colour, the visitor should explore the neighbourhood pubs (in the third and fourth price categories) which are modestly priced and furnished. Beer is at its best in Bohemia, but there is some good beer in Brno and a few locally brewed beers in Northern Moravia and Slovakia are worth trying.

A visit to one of the wine cellars in Southern Moravia is to be recommended and can be easily arranged when you are passing through the region. The best wines in the country come from South

Moravia and South Slovakia. The white wines **Rulandské bílé** (*roolantskeh beeleh*), **Muller Thurgau** and the red **Klaštorné červené** (*klashtorneh cherveneh*) are among the most popular. **Becherovka** (*beHerofka*) is a traditional mild herbal liqueur, distilled in Karlsbad (Karlovy Vary) and drunk as an aperitif. **Mattoniho kyselka** (*matoniho kiselka*) is the best type of mineral water.

A service charge may be shown on the bill but a tip of about 10% is customary.

USEFUL WORDS AND PHRASES

beer	pivo	*pivo*
bill	účet	*oochet*
bottle	láhev	*lah-hef*
bowl	miska	*miska*
cake	zákusek	*zahkoossek*
chef	kuchař	*kooHarzh*
coffee	káva	*kahva*
cup	šálek	*shahlek*
fork	vidlička	*vidlichka*
glass	sklenice	*sklenitseh*
hors-d'oeuvre	předkrm	*przhetkuhruhm*
knife	nůž	*noosh*
menu	jídelní lístek	*yeedelnee leestek*
milk	mléko	*mlehko*
plate	talíř	*taleerzh*
receipt	stvrzenka	*stuhvuhrzenka*
sandwich	obložený chléb	*oblozhenee Hlehp*
serviette	ubrousek	*oobrohsek*
snack	malé rychlé občerstvení	*maleh riHleh opcherstuhvenee*
soup	polévka	*polehfka*
spoon	lžíce	*lzheetseh*
sugar	cukr	*tsookuhr*
table	stůl	*stool*

tea	čaj	*chI*
teaspoon	čajová lžička	*chI-ovah luhzhichka*
tip	spropitné	*spropitneh*
waiter	číšník	*cheeshneek*
waitress	číšnice	*cheeshnitseh*
water	voda	*voda*
wine	víno	*veeno*
wine list	nápojový lístek	*nahpo-yovee leestek*

A table for one, please
Stůl pro jednoho, prosím
stool pro yednoho prosseem

A table for two, please
Stůl pro dva, prosím
stool pro dva prosseem

Can I see the menu?
Mohu dostat jídelní lístek?
mo-hoo dostat yeedelnee leestek

Call the manager, please!
Zavolejte vedoucího, prosím!
zavolayteh vedohtseeho prosseem

Can I see the wine list?
Mohu dostat nápojový lístek?
mo-hoo dostat nahpo-yovee leestek

What would you recommend?
Co byste mi doporučil *(to a man)*/doporučila *(to a woman)?*
tso bisteh mi doporoochil/doporoochila

I'd like ...
Rád *(man)*/ráda *(woman)* bych ...
raht/rahda biH

Just a cup of coffee, please
Jenom šálek kávy, prosím
yenom shahlek kahvi prosseem

Waiter/waitress!
Pane/paní vrchní!
paneh/panee vuhruHnee

A beer/two beers, please
Pivo/dvě piva, prosím
pivo/dv-yeh piva prosseem

Can we have the bill, please?
Můžeme dostat účet, prosím?
moozhemeh dostat oochet prosseem

I only want a snack
Chci jenom něco malého k jídlu
Htsi yenom n-yetso maleh-ho k-yeedloo

I didn't order this
Toto jsem si neobjednal *(man)*/neobjednala *(woman)*
toto yuhsem si ne-ob-yednal/ne-ob-yednala

May we have some more ...?
Můžeme dostat více ...?
moozhemeh dostat veetseh

The meal was very good, thank you
Jídlo bylo velmi dobré, děkuji
yeedlo bilo velmi dobreh d-yekoo-yi

My compliments to the chef!
Poděkujte mým jménem kuchaři!
pod-yekoo-yuhteh meem yuhmehnem kooHarzhi

THINGS YOU MAY HEAR

Bohužel, toto jídlo už nemáme
Sorry, this dish is not available

Budete si přát ...?
Would you like to have ...?

Co to bude?
What would you like?

Dobrou chut'!
Enjoy your meal!

Ještě pivo?
Another glass of beer?

Lituji, máme obsazeno
I am sorry, we are full up

Přáli jste si platit?
Did you ask for the bill?

Zavíráme, pánové!
Closing time, gentlemen!

MENU GUIDE

ananas	pineapple
anglická telecí játra	English-style calf's liver (quick-fried with streaky bacon)
anglický rostbíf	English-style roast beef
aperitiv	aperitif
banán	banana
bavorské vdolečky	doughnuts (with jam, cottage cheese or cream)
bažant	pheasant
bažant dušený na žampiónech	pheasant casserole with mushrooms
bažant na slanině	roast pheasant with bacon
Becherovka ®	sweet herbal digestive liqueur
bez ledu	without ice
bezmasá jídla	meatless dishes
biftek s vejcem	steak with an egg
bílé víno	white wine
bomba Malakov	Bombe Malakoff (sponge-biscuit soaked in milk and rum, filled with butter cream)
boršč-ruská polévka	borsch (Russian-style beetroot and cabbage soup)
bramborák	potato pancake
bramborová kaše	mashed potatoes
bramborová polévka	potato soup
bramborové hranolky	chips
bramborové knedlíky	potato dumplings
bramborové knedlíky plněné uzeným	potato dumplings filled with smoked meat
bramborové knedlíky s cibulkou	potato dumplings with onions
bramborové placky	potato pancake
bramborové šišky	gnocchi (small flour and potato dumplings)
bramborový guláš	potato goulash
brambory	potatoes
broskev	peach
brynza	sheep's cheese

brynzové halušky	gnocchi (small flour and potato dumplings with sheep's cheese)
buchty	baked yeast dumpling filled with cottage cheese, jam, apples or plums
burské oříšky	peanuts
celer	celery
celerový salád	celeriac salad
chřest	asparagus
cibule	onions
cibulová omáčka	onion sauce
cikánská hovězí pečeně	gipsy-style beef (beef larded with bacon fat, stewed with onion, mushrooms, peppers, smoked sausage, tomatoes)
citrón	lemon
cukr	sugar
cukroví	biscuits
čaj	tea
čaj s mlékem	tea with milk
černá káva	black coffee
čerstvý	fresh
červené víno	red wine
červená řepa	beetroot
česnek	garlic
česneková omáčka	garlic sauce
česneková polévka	garlic soup
čočka	lentils
čočka s vejcem	boiled lentils with a fried egg
čočka vařená	boiled lentils
čočková polévka	lentil soup
čočková polévka s párkem	lentil soup with sausage
čokoláda	chocolate (confectionery)
čokoládový krém se šlehačkou	chocolate cream dessert with whipped cream
dančí hřbet na smetaně	saddle of venison in cream sauce
dančí roštěná	sirloin of venison
daněk	venison
datle	dates
divoký kanec	wild boar
divoký králík na česneku	wild rabbit with garlic
divoký králík na smetaně	wild rabbit in cream sauce

do krvava	rare
domácí	home-made
domácí pečená klobása	home-made grilled smoked sausage
dort	cream cake
dršťková polévka	tripe soup with paprika
dršťky na paprice	tripe in paprika sauce
drůbež	poultry
drůbková polévka	giblet soup
drůbky	giblets (in soup)
dukátové buchtičky s vanilkovým krémem	tiny doughnuts with vanilla cream
dušená kapusta	stewed curly kale
dušené hovězí maso	beef stew
dušené telecí maso	veal stew
dušené vepřové maso	pork stew
dušený	stewed
džem	jam
džus	juice
fazole	beans
fazole na kyselo	sour beans (beans boiled in water, thickened with flour and seasoned with vinegar)
fazolkový salád	French bean salad
fazolová polévka	bean soup
Fernet Stock ®	bitter digestive liqueur
fíky	figs
francouzské brambory	French potatoes (boiled potatoes baked with onion and smoked sausage)
guláš	goulash
guláš z daňčího masa	venison goulash
guláš z husích žaludků	goulash made with goose's stomach
gulášová polévka	goulash soup (made with meat and spices)
hašé	minced beef, hash
hašé z telecího masa	minced veal, hash
hlávkové zelí	cabbage
hlávkový salát	lettuce
hlávkový salát s kyselým mlékem	lettuce with a sour milk dressing
hlávkový salát se slaninou	lettuce with a vinegar dressing and small pieces of fried bacon

hlávkový salát s kyselou smetanou	lettuce with sour cream
hodně vypečený	well done
holub	pigeon
horké kakao	hot chocolate
horký	hot
hořčice	mustard
houbová omáčka	mushroom sauce
houby	mushrooms
houskové knedlíky	bread dumplings
hovězí (maso)	beef
hovězí dušené na hříbkách	beef stew with mushrooms
hovězí dušené v mrkvi	beef stew with carrots
hovězí guláš	beef goulash
hovězí játra na slanině	calf's liver stewed with onions and bacon
hovězí maso s houbovou omáčkou	boiled beef in mushroom sauce
hovězí maso s koprovou omáčkou	boiled beef in dill sauce
hovězí maso s rajskou omáčkou	boiled beef with tomato sauce
hovězí pečeně na houbách	stewed beef with mushrooms
hovězí pečeně na paprice	stewed beef with paprika
hovězí pečeně na víně	stewed beef in wine sauce
hovězí polévka se žemlovým svítkem	meat broth with bread omelette
hovězí polévka	beef broth
hovězí polévka s knedlíčky	beef broth with dumplings
hovězí polévka s masovými knedlíčky	meat broth with meatballs
hovězí polévka s noky	beef broth with gnocchi (small flour and potato dumplings)
hovězí polévka s rýží	beef broth with rice
hovězí tokáň	beef stewed in wine and tomato purée
hovězí vývar s nudlemi	beef broth with vermicelli
hrách	peas
hrách s kyselým zelím	peas and sauerkraut
hrachová kaše	boiled peas with pieces of bacon
hrachová kaše s cibulkou	boiled peas with fried onions

hrachová polévka s uzeným masem	pea soup with smoked meat
hráškový krém	cream of pea soup
hroznové víno	grapes
hruška	pear
hříbky s vejci	baked mushrooms with eggs
humr	lobster
husa	goose
husí játra pečená na cibuli	fried goose liver with onions
husí játra s jablky	fried goose liver with apples
husí játra smažená	goose liver fried in breadcrumbs
husí prsa nebo stehýnka na česneku	breast or leg of goose with garlic
husí žaludky zadělávané	goose stomach in white sauce
chléb	bread
chlupaté knedlíky se zelím	Bohemian potato dumplings with cabbage (dumplings made from a mixture of raw grated potatoes, flour and egg)
chuťovky	savouries
játra	liver
játrová omáčka	liver sauce
jablko	apple
jablková žemlovka	dessert made from baked apples, bread, cottage cheese and raisins
jablkový závin	apple strudel
jahody	strawberries
jarní míchaný salád	mixed fresh vegetable salad
jaternicová polévka	soup with black pudding
jednotlivá jídla	à la carte
jehněčí maso	lamb
jelení hřbet přírodní	saddle of venison
jelení maso	venison
jídla na objednávku	meals made to order
kachna	duck
kachna pečená	roast duck
kachna s pomerančem dušená v papilotě	duck in orange sauce en papillote
kachna v šouletu	duck in a purée made from peas and pearl barley
kakao	hot chocolate or cocoa

kančí (maso)	wild boar
kančí filé	roast fillet of wild boar
kančí kýta s brusinkovou omáčkou	boiled leg of wild boar with cranberry sauce
kapr	carp
kapr na kmíně	carp baked with caraway seeds
kapr na modro	carp cooked in stock with wine and spices and served with butter
kapr pečený	baked carp
kapr na rožni	carp on a skewer
kapr smažený	fried carp
kapusta	curly kale
kapustové karbenátky	fried minced meat with curly kale
karotka	carrots
kaše	buckwheat cereal similar to porridge
káva	coffee
káva se smetanou	coffee with cream
kaviár	caviar
kedlubny	kohlrabi
Klaštorné červené ®	medium-dry red wine
klobása	smoked sausage
klopsy na smetaně	stewed meatballs with cream sauce
kmínová polévka s vejcem	caraway seed soup with egg
knedlíky	dumplings
knedlíky s vejci	dumplings with egg
koblihy	doughnuts
koláč	pie
koláčky	small sweet pies or tartlets
kompot	preserved fruit
koňak	cognac
koprová omáčka	dill sauce
koroptev pečená na slanině	roast partridge with bacon
krém	cream or custard
krocan	turkey
krocan pečený na slanině	roast turkey with bacon
krocan s kaštanovou nádivkou	roast turkey stuffed with chestnuts
krupicová kaše	semolina purée
krupicové noky	semolina dumplings
krupicový nákyp	semolina pudding
křehký koláč s jablky	apple pie
křenová šlehačka	horse-radish sauce

kuře	chicken
kuře na paprice	chicken in paprika, onion and cream sauce
kuře na rožni	chicken on a skewer
kuře na způsob bažanta	roast chicken with bacon and spices
kuřecí prsíčka s masitou náplní	breast of chicken stuffed with mixture of veal and ham, wrapped in bacon and roasted
kůzle pečené	roast kid
květák	cauliflower
květák s vejci	cauliflower with eggs
kynuté knedlíky	dumplings made from yeast dough filled with jam
kyselé zelí	sauerkraut
lečo s klobásou	green or red peppers stewed with onion, tomato and smoked sausage
lečo s vejci	green or red peppers stewed with onion, tomato and eggs
likér	liqueur
limonáda	lemonade
lískové ořechy	hazelnuts
lívance	pancakes with jam
losos	salmon
luštěninová jídla	dishes containing beans or pulses
majonéza	mayonnaise
makrela na žampionech	stewed mackerel with mushrooms
maliny	raspberries
máslo	butter
maso	meat
masová směs na roštu	mixed grill (grilled slices of fillet of beef, veal and pork, calf's or pig's kidney, smoked sausage and ham)
Mattoniho kyselka ®	brand of mineral water
menu	table d'hôte, set menu
meruňky	apricots
míchaná vejce na cibulce	scrambled eggs with onion
míchaná zelenina	boiled mixed vegetable
minerálka	mineral water
minerální voda	mineral water
minutky	fast meals to order
mléko	milk

MENU GUIDE

moravský vrabec	'Moravian Sparrows' (pieces of pork sprinkled with caraway seeds and roasted)
mořské ryby	salt-water fish
moučník	dessert
mouka	flour
Muller Thurgau ®	medium-dry white wine
na jehle	on a skewer
na roštu	grilled
nanukový dort	ice-cream gâteau
nápojový lístek	list of drinks
ne moc vypečený	medium-rare
nealkoholické nápoje	soft drinks
nešumivá minerálka	still mineral water
noky	gnocchi (small flour and potato dumplings)
nudle	noodles
nudle s mákem	boiled noodles with poppy seeds
nudle s tvarohem a cukrem	boiled noodles with cottage cheese and sugar
nudlový nákyp s tvarohem	noodle pudding baked with cottage cheese
oběd	lunch
obložený biftek se smaženým vejcem	beef steak with an egg and garnish
obložený chlebíček	open sandwich, canapé
ocet	vinegar
okurky	cucumbers
okurkový salád	cucumber salad
okurkový salát se smetanou	cucumber salad with cream
omáčka	sauce
omeleta	omelette
omeleta s drůbežími játry	omelette with poultry liver
omeleta s hráškem	omelette with green peas
omeleta se šunkou	omelette with ham
omeleta se zavařeninou	omelette with jam
opékané brambory	fried potatoes
ovarové vepřové koleno	boiled pig's knuckle
ovoce	fruit
palačinky se zavařeninou	pancakes with jam
párek	sausage, frankfurter

párek s hořčicí	sausage with mustard
párek v rohlíku	hot dog
párek smažený v těstíčku	sausage fried in egg batter
paprika	pepper (green or red)
paprikový salád	salad of green or red peppers with onion, oil and vinegar
pařížský krém	whipped cream and chocolate cream
paštika z bažantů	pheasant pâté
paštika z husích jater	goose-liver pâté
pečená husa	roast goose
pečená šunka s vejci	ham and eggs
pečené hovězí maso	roast beef
pečené kuře s nádivkou	roast stuffed chicken
pečený	roast, baked or grilled
pepř	pepper
perlička pečená na slanině	roast guinea fowl with bacon
pikantní závitek	piquant beef olive (rolled-up slices of beef stuffed with bacon, ham and gherkins)
pivo	beer
plněná kapusta	curly kale leaves stuffed with minced meat and stewed
plněná paprika	stewed stuffed green or red peppers
plněné rajče zapečené	stuffed tomato au gratin
plněné žampióny	stuffed mushrooms au gratin
plněný telecí řízek	stuffed veal steak
plzeňská pivní polévka	Pilsen-style beer soup
polévka	soup
pórek	leek
pórková polévka s vejcem	leek soup with egg
pomeranč	orange
pomerančová šťáva	orange juice
poulard dušený v rýži	stewed poulard with rice
povidla	home-made thick plum jam
povidlové taštičky	small potato and cottage cheese dough parcels filled with plum jam
pražské telecí hrudí	Prague-style breast of veal (stuffed with a mixture of scrambled eggs and ham, green peas, whipped cream and roasted with butter)

přesnídávka	mid-morning snack
přesnídávková polévka	thick soup (eaten as a meal in itself)
přílohy	side dishes
přírodní hovězí pečeně	beef larded with bacon fat and stewed with onion
přírodní roštěná	sirloin larded with bacon fat and stewed with onion
přírodní vepřové žebírko	grilled pork chop
pstruh na smetaně	poached trout in cream
pstruh s máslem	grilled trout with herb butter
pšeničný chléb	white bread
ragú	ragoût
rajčatový salát	tomato salad
rajská jablíčka	tomatoes
rajská omáčka	tomato sauce
rajská polévka	tomato soup
restovaná telecí játra	roast calf's liver with onion and spices
rohlík	roll
roštěná na paprice	stewed sirloin with paprika
roštěná přírodní na roštu	grilled sirloin steak
roštěná se šunkou a vejcem	stewed sirloin with ham and egg
Rulandské bíle ®	light, slightly sweet white wine
rybí filé na másle	fish fillet in butter
rybí filé na roštu	grilled fish fillet
rybí polévka z kapra	carp soup
rybíz	currants
ryby	fish
rýže	rice
rýže dušená	stewed rice
rýžová kaše	rice purée (savoury dish similar to porridge in consistency)
rýžový nákyp s jablky	rice pudding with apples
řízek	fillet
s ledem	with ice
s octem	in vinegar
salát	salad
salát z červeného zelí	red cabbage salad
salát z fazolových lusků	French bean salad
salát z kyselého zelí	sauerkraut salad
salát z rajčat	tomato salad

segedinský guláš Szeged	pork goulash (stewed with onion, paprika and sauerkraut)
sekaná pečeně	meat loaf (made from minced beef and pork, eggs and bacon roasted in lard)
sekaná svíčková	meat loaf in cream sauce
sekané maso	minced meat
sekaný	chopped
selská pečeně	peasant-style saddle of pork (roasted with garlic, salt and onion)
selská polévka	peasant-style soup (with noodles, mushrooms, milk and pepper)
selské jaternice	peasant-style white pudding
skopová kýta na česneku	leg of mutton with garlic
skopová kýta na divoko	leg of mutton larded with bacon fat and stewed with onion and root vegetables in red wine
skopová kýta na smetaně	leg of mutton in cream sauce
skopové (maso)	mutton
skopové na majoránce	mutton with marjoram
skopové ragú	mutton ragoût
sladkovodní ryby	freshwater fish
sladký	sweet
slanina	bacon
sleď	herring
sleď vařený s křenovou omáčkou	herring in horse-radish sauce
slepice	chicken
slepice na paprice	chicken in paprika and cream sauce
slepice na slanině	chicken with bacon
slepice v nudlové polévce	chicken noodle soup
slepičí vývar s nudlemi	chicken broth with vermicelli
slivovice	strong plum brandy
sluka	snipe
smažená vejce	fried eggs
smažená telecí játra	fried calf's liver in breadcrumbs
smažené bramborové hranolky	chips
smažené bramborové lupínky	crisps
smažené kuře	fried chicken
smažené kůzle nebo jehně	fried kid or lamb in breadcrumbs
smažené rybí filé	fried fillet of fish

smažené telecí hrudí	fried breast of veal
smažené telecí maso	fried veal
smažené telecí žebírko	veal chop fried in breadcrumbs
smažené vepřové maso	fried pork
smažený	fried, fried in breadcrumbs
smažený karbanátek	fried meatballs
smažený květák	fried cauliflower
smažený sýr	fried cheese in breadcrumbs
smažený telecí brzlík	fried calf's sweetbread
smažený vepřový jazýček	fried pig's tongue
smažený vepřový řízek	pork steak fried in breadcrumbs
smetana	cream, full-cream milk
snídaně	breakfast
sodová voda	soda water
srnčí (maso)	venison
srnčí hřbet přírodní	saddle of venison
srnčí kýta na smetaně	leg of venison in cream sauce
srnčí ragú na víně	venison ragoût with wine
studené předkrmy	hors d'oeuvres, starters
studený	cold
sůl	salt
šumivá minerálka	fizzy mineral water
svařené víno	hot wine with lemon and spices
svíčková pečeně na smetaně	fillet of beef with cream sauce
svíčkové řezy se šunkou a vejcem	fillet steaks with ham and eggs
svíčkové řezy s husími játry	fillet steaks with goose liver
sýr	cheese
šampaňské	champagne
škubánky s mákem	potato dumplings with poppy seeds and sugar
šlehačka	whipped cream
španělský ptáček	stewed beef roll with sausage, cucumber, onion and egg
špekové knedlíky	bread and bacon dumplings
špenát	spinach
špikovaná telecí kýta	fried larded leg of veal
štika na pivě	pike in beer
šunka	ham
šunka po cikánsku	gipsy-style ham with bacon, potatoes, onion, mushrooms and paprika

svačina	snack between main meals
švestkové knedlíky	plum dumplings
švestky	plums
telecí (maso)	veal
telecí droby	calf's liver, kidneys and tongue
telecí dušené s hráškem	veal stew with peas
telecí filé se šunkou a chřestem	veal fillet with ham and asparagus
telecí filé s husími játry	veal fillet with goose liver
telecí hrudí nadívané	stuffed breast of veal
telecí kolínko na způsob bažanta	calf's knuckle stewed with spices
telecí kýta na smetaně	leg of veal with cream sauce
telecí ledvinka pečená	roast calf's kidneys
telecí medailonky	veal medallions
telecí mozeček s vejci	fried calf's brains with eggs
telecí maso na houbách	veal stew with mushrooms
telecí na kmíně	veal stew with caraway seeds
telecí na paprice	veal in paprika sauce
telecí pečeně	roast veal
telecí perkelt	stewed veal in paprika sauce
telecí plíčky na smetaně	calf's lung with cream sauce
telecí řízek přírodní	veal steak
telecí řízek smažený	veal steak fried in breadcrumbs
telecí srdce na smetaně	calf's heart in cream sauce
telecí žebírko na žampiónech	veal chop with mushrooms
teplá šunka	boiled ham (served hot)
teplé předkrmy	entrées
teplý	hot or warm
těstoviny	noodles
topinky s česnekem	toasted rye bread rubbed with garlic
treska na roštu	grilled cod
treska s hořčicovou omáčkou	stewed cod in mustard sauce
trhanec s malinovou šťávou	pancakes with raspberry syrup
třešně	cherries
třešňová bublanina	sponge-biscuit with cherries
tvaroh	cottage cheese
tvarohová žemlovka	sweet pudding made from white bread and cottage cheese
tvarohové knedlíky	cottage cheese dumplings
tvarohové palačinky	cottage cheese pancakes

uzené maso vařené	boiled smoked meat
uzené vepřové maso	smoked pork
uzeniny	smoked meats
uzený hovězí jazyk	smoked ox tongue
uzený úhoř	smoked eel
vaječná jídla	egg dishes
vanilková zmrzlina	vanilla ice cream
vařené	boiled
vařené brambory	boiled potatoes
vařené hovězí maso	boiled beef
vařené telecí maso	boiled veal
vařená vejce	boiled eggs
vařené vepřové maso	boiled pork
večeře	supper
vejce	egg
vejce na měkko	soft-boiled egg
vejce na tvrdo	hard-boiled egg
veka	white French-style bread
vepřenky	grilled minced pork with onion and mustard
vepřové dušené v kedlubnách	pork stewed with kohlrabi
vepřová játra pečená na cibulce	fried pig's liver and onion
vepřová krkovička po selsku	peasant-style neck of pork rubbed with garlic and salt and roasted with onion
vepřová kýta na paprice	stewed leg of pork with paprika
vepřová kýta na smetaně	stewed leg of pork in cream sauce
vepřová pečeně	roast pork
vepřová žebírko přírodní	stewed rib of pork
vepřové na kmíně	pork stew with caraway seeds
vepřové (maso)	pork
vepřová játra na cibulce	pig's liver stewed with onion
vepřové maso uzené	smoked pork
vepřové plíčky na smetaně	pig's lungs in cream sauce
vepřové ražniči	pork on skewer with bacon and onions
vepřové žebírko na kmíně	stewed rib of pork with caraway seeds
vepřový bůček nadívaný	stuffed side of pork
vepřový guláš	pork goulash
vepřový jazyk na bylinkách	pig's tongue stewed with herbs
vepřový mozeček s vejci	fried pig's brains with eggs
vepřový ovar	boiled pig's head and liver

vídeňský telecí řízek	fried veal fillet in breadcrumbs
víno	wine
višně	morello cherries
voda	water
voda s ledem	water with ice
zadělávaná karotka	carrot in white sauce
zadělávaná slepice	chicken in white sauce (boiled with vegetables, green peas and with cream added to the sauce)
zadělávané	in white sauce
zadělávané dršťky	tripe in white sauce
zadělávané kedlubny	kohlrabi in white sauce
zajíc	hare
zajíc na černo	stewed hare in thick, dark, sweet and sour sauce
zajíc na divoko	saddle and legs of hare larded with bacon fat and cooked with onion and root vegetables in red wine
zajíc na smetaně, přírodní	hare in cream sauce
zapečená šunka s vejci	ham and eggs
zapékané brambory se sýrem	potatoes baked with cheese
zapékané nudle	baked noodles with cheese and egg
zastřené vejce	poached egg
zavařenina	preserves, jam
zelenina	vegetables
zeleninová jídla	vegetable dishes
zeleninová polévka	vegetable soup
zeleninové rizoto	stewed rice with vegetables
zeleninový řízek	fried vegetable rissole
zelený hrášek	green peas
zelná polévka	cabbage soup
zelná polévka s klobásou	cabbage soup with smoked sausage
zmrzlina	ice cream
zmrzlinový pohár	sundae
znojemská roštěná	Znojmo-style sirloin (fried then stewed with onions)
zvěřina	game
žampióny	mushrooms
žemlovka	pudding made from white bread, apples, cinnamon, eggs and milk
žitný chléb	rye bread

SHOPPING

The usual opening hours are from 8 am to 6 pm and some shops are closed for lunch from 12-2 pm. The majority of shops close at midday on Saturdays. The main state-run shops are:

BOHEMIA – which sells Czech crystal and cut glass.
ESO – which sells good-quality food and beverages.
PRIOR – is the name of the main chain of department stores.
TUZEX – which sells imported, luxury and other goods for hard currency. Musical instruments can be found at moderate prices.
UVA – which sells cheap, attractive and good-quality souvenirs.
VEČERKA – which sells basic foodstuffs, soft drinks and alcohol in the evening and on Sunday morning.

One Czech 'shopping' tradition is to go to a pub with your own jug to get it filled with two or three pints of draught beer to take home. There are usually fruit and vegetable markets held in summer in most towns. Private enterprises are springing up fast, especially small galleries owned by groups of independent artists – a major attraction for visitors from abroad.

USEFUL WORDS AND PHRASES

baker's	pekařství	*pekarzhstvee*
bookshop	prodejna knih	*prodayna kneeH*
boutique	boutique	*bootik*
butcher's	řeznictví	*rzheznitsvee*
buy	kupovat	*koopovat*
cake shop	cukrárna	*tsookrahrna*
cheap	levný	*levnee*
chemist's	lékárna	*lehkahrna*
department store	obchodní dům	*opHodnee doom*
fashion	móda	*mawda*
fishmonger's	rybárna	*ribahrna*

florist's	květinářství	*kv-yeteenarzhstvee*
go shopping	jít nakupovat	*yeet nakoopovat*
grocer's	potraviny	*potravini*
ironmonger's	železářství	*zhelezahrzhstvee*
ladies' wear	dámské oblečení	*dahmskeh oblechenee*
menswear	pánské oblečení	*pahnskeh oblechenee*
newsagent's	noviny časopisy	*novini chasopisi*
receipt	paragon	*paragon*
record shop	obchod s gramofonovými deskami	*opHot zgramofonoveemi deskami*
sale	výprodej	*veeproday*
shoe shop	prodejna obuvi	*prodayna oboovi*
shop	obchod	*opHot*
shop assistant		
(man)	prodavač	*prodavach*
(woman)	prodavačka	*prodavachka*
souvenir shop	suvenýry	*sooveneeri*
special offer	zvláštní nabídka	*zvlahshtnee nabeetka*
spend	utratit	*ootratit*
stationer's	papírnictví	*papeernitstvee*
supermarket	(velká) samoobsluha	*velkah samo-opslooha*
tailor	krejčí	*kraychee*
till	pokladna	*pokladna*
toyshop	hračkářství	*hrach-kahrzh-stuhvee*
travel agency	cestovní kancelář	*tsestovnee kantselahrzh*

I'd like ...
Rád *(man)*/ráda *(woman)* bych ...
raht/rahda biH

Do you have ...?
Máte ...?
mahteh

How much is this?
Kolik to stojí ?
kolik to sto-yee

Where is the ... department?
Kde je oddělení ...?
gdeh yeh od-yelenee

Do you have any more of these?
Máte toho více?
mahteh toho veetseh

I'd like to change this, please
Chtěl *(man)*/chtěla *(woman)* bych to vyměnit, prosím
Ht-yel/Ht-yela biH to vim-yenit prosseem

Have you anything cheaper?
Máte něco levnějšího?
mahteh n-yetso levn-yaysheeho

Have you anything larger/smaller?
Máte něco většího/menšího?
mahteh n-yetso v-yetsheeho/mensheeho

Does it come in other colours?
Máte jiné barvy?
mahteh yineh barvi

Could you wrap it for me?
Můžete mi to zabalit?
moozheteh mi to zabalit

Can I have a receipt?
Mohu dostat paragon?
mo-hoo dostat paragon

Can I have a bag, please?
Mohu dostat sáček, prosím?
mo-hoo dostat sahchek prosseem

Can I try it/them on?
Mohu si to/je vyzkoušet?
mo-hoo si to/jeh viskohshet

Where do I pay?
Kde mohu zaplatit?
gdeh mo-hoo zaplatit

Can I have a refund?
Mohu dostat zpátky peníze?
mo-hoo dostat spahtkı peneezeh

I'm just looking
Jenom se dívám
yenom seh deevahm

I'll come back later
Ještě se vrátím
yesht-yeh seh vrahteem

THINGS YOU'LL SEE

antikvariát	secondhand bookshop
cena	price
cestovní kancelář	travel agency
cukrárna	confectioner's, cake shop
ČEDOK	Czechoslovak travel agency
čistírna	dry cleaner's
dámské oděvy	ladies' clothes

→

77

drogerie	chemist's
galanterie	haberdashery, fashion accessories
hračky	toys
chléb-pečivo	bread and biscuits
inventura	closed for stocktaking
knihy	books
kožešnictví	fur shop
květinářství	florist's
květiny	flowers
lahůdky	delicatessen
letní výprodej	summer sale
levné zboží	low-priced goods
lékárna	pharmacy
maso-uzeniny	meat products
mléčné výrobky	dairy products
mlékárna	dairy shop
móda	fashion
noviny-časopisy	newspapers and magazines
obchodní dům	department store
obuv	footwear
oddělení	department
oděvy	clothes
ovoce-zelenina	fruit and vegetables
papírnictví	stationer's
pánské oděvy	men's clothes
pekařství	baker's shop
potraviny	groceries
prádelna	laundry
prodat	sell
prodejna	shop
přejímka zboží	closed for deliveries
přízemí	ground floor
půjčovna aut	rent-a-car
řezník	butcher

$\rightarrow$

samoobsluha	self-service restaurant, supermarket
snížení	reduction
stánek	kiosk
tabák	tobacco
vedoucí	manager
záloha	deposit
zelenina	vegetables

THINGS YOU'LL HEAR

Bude to všechno?
Will there be anything else?

Lituji, nemáme
I'm sorry, we're out of stock

Máte nějaké menší peníze?
Have you got any smaller money?

Obsluhuje vás někdo?
Are you being served?

Prosím vezměte si košík
Please take a basket

Prosím nedotýkejte se
Please do not touch

To je všechno, co máme
This is all we have

AT THE HAIRDRESSER

There are no unisex hairdressers in Czechoslovakia, but often women and children prefer to go to a men's hairdresser as there is no need to make an appointment, and service is generally much cheaper and quicker – whereas it is nearly always necessary to make an appointment at a ladies' salon. Service is usually good and prices are relatively low but, unless you visit one of the few luxury salons, you may not be able to obtain the latest hair treatment. A tip of 10-15 per cent is usual.

USEFUL WORDS AND PHRASES

beard	vousy	*vohsi*
blond	blond	*blont*
brush	kartáč	*kartahch*
comb	hřeben	*huh-rzheben*
conditioner	regenerační přípravek na vlasy	*regenerachnee przheepravek na vlasi*
curlers	natáčky	*natahchki*
curling tongs	kulma	*koolma*
curly	kudrnatý	*koodurhnatee*
dark	tmavý	*tmavee*
fringe	ofina	*ofina*
gel	gel	*gel*
hair	vlasy	*vlasi*
haircut	ostříhání	*ostrzheehahnee*
hairdresser		
(ladies)	kadeřnictví	*kaderzh-nitstvee*
(men's)	holičství	*Holichstvee*
hairdryer	fén	*fehn*
highlights	melír	*meleer*
long	dlouhý	*dloh-hee*
moustache	knír	*kneer*
parting	pěšinka	*p-yeshinka*

perm	trvalá	*tuhrvalah*
shampoo	šampon	*shampon*
shave	holení	*holenee*
shaving foam	pěna na holení	*p-yena na holenee*
short	krátký	*krahtkee*
styling mousse	tužidlo	*toozhidlo*
wavy	vlnitý	*vuhlneetee*

I'd like to make an appointment
Rád bych se objednal *(man)*/ráda bych se objednala *(woman)*
raht biH seh ob-yednal/rahda biH seh ob-yednala

Just a trim, please
Jenom zastřihnout, prosím
yenom zastrzhih-noht prosseem

Not too much off
Ne moc zkrátit
neh mots skrahtit

A bit more off here, please
Tady trochu více zkrátit
tadi troHoo veetseh skrahtit

I'd like a cut and blow-dry
Prosím ostříhat a vyfoukat
prosseem ostrzheehat a vifohkat

I'd like a perm
Prosím trvalou
prosseem tuhrvaloh

I'd like highlights
Prosím melír
prosseem meleer

81

THINGS YOU'LL SEE OR HEAR

ceník holičských prací	price list *(men's hairdresser's)*
ceník kadeřnických prací	price list *(ladies' hairdresser's)*
dámský salón	ladies' salon
holič	men's hairdresser
kadeřník	hair stylist, hairdresser
natočit	set
oholení	shave
přeliv	tint
suchý	dry
trvalá	perm
umytí	wash
umýt a natočit	wash and set
vyfoukat	blow dry

Chcete nějaký regenerátor?
Would you like any conditioner?

Jak to chcete?
How would you like it?

Je to dost krátké?
Is that short enough?

SPORT

Skiing is a popular and traditional sport and the skiing season often extends well into spring. Czechoslovakia has many areas suitable for skiing – the best resorts are in the Krkonoše Mountains, the High Tatras and the beautiful Low Tatras. Walking and mountaineering are equally popular and there are another half-a-dozen smaller but quieter mountain ranges for these pursuits.

Czechoslovakia abounds with lakes, rivers and reservoirs which are ideal for fishing – for which permits can be easily obtained through travel agencies. Swimming and windsurfing are the most popular watersports and, although it has no coastline, Czechoslovakia has a number of large artificial lakes, and swimming pools have been built around natural hot springs in Slovakia.

Golf is increasing in popularity but there are few golf courses available. Tennis courts are growing in number and can be found almost everywhere.

USEFUL WORDS AND PHRASES

athletics	atletika	*atletika*
badminton	bedminton	*bedminton*
ball	míč	*meech*
bicycle	kolo	*kolo*
canoe	kanoe	*kano-eh*
canoeing	kanoistika	*kano-istika*
deckchair	rozkládací lehátko	*rosklahdatsee lehahtko*
diving board	skákací prkno	*skahkatsee puhrkno*
fishing	rybaření	*ribarzhenee*
fishing rod	rybářský prut	*ribahrzhskee proot*
football *(ball)*	fotbalový míč	*fotbalovee meech*
football match	fotbalový zápas	*fotbalovee zahpas*
golf	golf	*golf*
golf course	golfové hřiště	*golfoveh huh-rzhisht-yeh*
gymnastics	gymnastika	*gimnastika*

hockey	hokej	*hokay*
jogging	kondiční běh	*kondichnee b-yeH*
lake	jezero	*yezero*
mountaineering	horolezectví	*horolezetstvee*
pass *(for ski-lift)*	permanentka na výtah	*permanentka na veetaH*
racket	raketa	*raketa*
riding	jízda na koni	*yeezda na koni*
rowing boat	veslice	*veslitseh*
run	běhat	*b-yehat*
sailboard	surf	*sooruhf*
sailing	plachtění	*plaHt-yenee*
sand	písek	*peesek*
sea	moře	*morzheh*
skate *(verb)*	bruslit	*brooslit*
skates	brusle	*broosleh*
ski *(verb)*	lyžovat	*lizhovat*
ski-hoist	lyžařský vlek	*lizharzhkee vlek*
skiing *(downhill)*	sjezd	*s-yest*
skiing *(cross-country)*	běh na lyžích	*byeH na lizheeH*
skiing equipment	lyžařská výstroj	*lizharzhskah veestroy*
ski-lift	lyžařský výtah	*lizharzhskee veetaH*
ski poles	lyžařské hole	*lizharzhskeh holeh*
skis	lyže	*lizheh*
ski wax	vosk na lyže	*vosk na lizheh*
stadium	stadión	*stadi-awn*
sunshade	slunečník	*sloonechneek*
swim	plavat	*plavat*
swimming pool	plavecký bazén	*plavetskee bazehn*
tennis	tenis	*tenis*
tennis court	tenisový kurt	*tenisovee koort*
tennis racket	tenisová raketa	*tenisovah raketa*
tent	stan	*stan*
volleyball	volejbal	*volaybal*
walking	chůze	*Hoozeh*

water skiing	vodní lyžování	*vodnee lizhovahnee*
water skis	vodní lyže	*vodnee lizheh*
wave	vlna	*vuhlna*
wet suit	gumový oblek pro potápěče	*goomovee oblek pro potahp-yecheh*
yacht	jachta	*yaHta*

Where can I hire ...?
Kde si mohu pronajmout ...?
gdeh si mo-hoo pronImoht

Where can I buy skiing equipment?
Kde mohu koupit lyžařskou výstroj?
gdeh mo-hoo kohpit lizharzhskoh veestroy

Can you recommend a good place to ski?
Můžete mi doporučit dobrý terén na lyžování?
moozheteh mi doporoochit dobree terehn na lizhovahnee

Is there a ski-lift?
Je tam lyžařský výtah?
yeh tam lizharzhskee veetaH

How much is a daily/weekly pass for the ski-lift?
Kolik stojí lyžařský výtah na den/týden?
kolik sto-yee lizharzhskee veetaH na den/teeden

How much does it cost per hour/day?
Kolik to stojí na hodinu/na den?
kolik to sto-yee na hodinoo/na den

How deep is the water here?
Jak je tady hluboko?
yak yeh tadi hlooboko

Is there an indoor/outdoor pool here?
Je tady krytý/otevřený bazén?
yeh tadi kritee/otev-rzhenee bazehn

Is it safe to swim here?
Je bezpečné tady plavat?
yeh bespechneh tadi plavat

Can I fish here?
Mohu tady chytat ryby?
mo-hoo tadi Hitat ribi

Do I need a licence?
Potřebuji rybářský lístek?
potrzheboo-yi ribahrzhskee leestek

THINGS YOU'LL SEE

bazén	swimming pool
dostihová dráha	race course
fotbalové hřiště	football pitch
Horská služba	mountain rescue service
jízdní kola	bicycles
koupaliště	swimming pool
k pronajmutí	for hire
nebezpečí lavin	danger of avalanches
první pomoc	first aid
půjčovna loděk	rowing boats for hire
půjčovna lyží	skis for hire
rybářský lístek	fishing permit
rybník	fish-pond
sjezdovka	downhill course
sportovní potřeby	sporting facilities
stadión	stadium

→

stezka pro cyklisty	cycle path
tenisový kurt	tennis court
turistická stezka	tourist path
vstupenka	ticket
zákaz koupání	no swimming
zákaz rybaření	no fishing
zákaz vycházení	do not leave the chalet

POST OFFICES AND BANKS

Post offices are easily recognized by their orange sign and the word **POŠTA**, and letter boxes are also orange. Inland letters take about 2-3 days to reach their destination and airmail letters about a week. If you wish to send a registered letter (**doporučený dopis**, *doporoochenee dopis*), you will have to fill in a simple form and keep it as proof of postage. Money can be sent within Czechoslovakia with a money order (**poštovní poukázka**, *poshtovnee pohkahska*) – you need to fill in the exact sum and the addresses of both the sender and addressee.

You will find a **Telefon-Telegramy** counter at most post offices – telegrams can be sent from here and international phone calls can be booked (see TELEPHONES, p95). Fax is available in main post offices. Stamps are also widely sold at tobacconist's and newspaper kiosks (the abbreviation **PNS** stands for **Poštovní a novinová služba** (Mail and Newspaper Service).

Money can be exchanged in banks and travel agencies, which have the same opening hours as shops on weekdays and Saturday mornings, as well as in large hotels and airports. It is illegal to change money with unauthorized persons.

The official currency is the Czechoslovak crown (**koruna**, *koroona*), which is abbreviated to **Kčs**; one **koruna** is made up of 100 hellers (**halíř**, *haleerzh*) which is abbreviated to **hal**.

USEFUL WORDS AND PHRASES

airmail	letecká pošta	*letetskah poshta*
bank	banka	*banka*
banknote	bankovka	*bankofka*
change (*verb*)	směnit	*sm-yenit*
cheque	šek	*shek*
collection	vybírání	*vibeerahnee*
counter	přepážka	*przhepahshka*
customs form	celní formulář	*tselnee formoolahrzh*

delivery	doručení	*doroochenee*
deposit	vklad	*fklat*
exchange rate	devizový kurs	*devizovee koors*
first class	expres	*ekspres*
form	formulář	*formoo-lahrzh*
international	mezinárodní poštovní	*mezinahrodnee*
money order	poukázka	*poshtovnee pohkahska*
letter	dopis	*dopis*
letter box	schránka na dopisy	*sHrahnka na dopisi*
mail *(noun)*	pošta	*poshta*
money order	poštovní poukázka	*poshtovnee pohkahska*
parcel	balík	*baleek*
post *(verb)*	poslat	*poslat*
postage rates	poštovné	*poshtovneh*
postcard	pohlednice	*pohlednitseh*
postcode	poštovní směrovací	*poshtovnee sm-yerovatsee*
	číslo	*cheesslo*
poste-restante	poste restante	*poste restante*
postman	listonoš	*listonosh*
post office	pošta	*poshta*
pound sterling	libra šterlinků	*libra shterlinkoo*
registered	doporučený dopis	*doporoochenee dopis*
letter		
stamp	poštovní známka	*poshtovnee znahmka*
surface mail	obyčejná pošta	*obichaynah poshta*
telegram	telegram	*telegram*
traveller's	cestovní šek	*tsestovnee shek*
cheque		

How much is a letter/postcard to …?
Kolik stojí dopis/pohlednice do …?
kolik sto-yee dopis/pohlednitseh do

I would like three one-crown stamps
Chtěl *(man)*/chtěla *(woman)* bych tři korunové známky
Ht-yel/Ht-yela biH trzhi koroonoveh znahmki

I want to register this letter
Chci poslat tento dopis doporučeně
Htsi poslat tento dopis doporoochen-yeh

I want to send this parcel to ...
Chci poslat tento balík do ...
Htsi poslat tento baleek do

How long does the post to ... take?
Jak dlouho jde pošta do ...?
ya• dloh-ho yuhdeh poshta do

Where can I post this?
Odkud mohu toto poslat?
otkoot mo-hoo toto poslat

Is there any mail for me?
Je tady pro mě nějaká pošta?
yeh tadi pro m-yeh n-yeh-yakah poshta

I'd like to send a telegram
Rád (*man*)/ráda (*woman*) bych poslal/poslala telegram
raht/rahda biH poslal/poslala telegram

This is to go airmail
Toto bude letecky
toto boodeh letetski

I'd like to change this into ...
Rád (*man*)/ráda (*woman*) bych to směnil/směnila za ...
raht/rahda biH to sm-yenil/sm-yenila za

Can I cash these traveller's cheques?
Můžete mi proplatit tyto cestovní šeky?
moozheteh mi proplatit tito tsestovnee sheki

What is the exchange rate for the pound?
Jaký je kurs libry?
yakee yeh koors libri

THINGS YOU'LL SEE

adresa	address
adresát	addressee
balík	parcel
balíková přepážka	parcels counter
doba vybírky	collection times
dopis	letter
doporučeně	by registered mail
expres	first class
jen do ... kg	up to ... kg only
kurs	exchange rate
kursovní lístek	list of exchange rates
kursy pro neobchodní platy	non-commercial exchange rates
kursy pro obchodní platy	business exchange rates
kursy pro turistiku	tourist exchange rates
letecká pošta	airmail
obyčejné poštovné	inland postage
odesílatel	sender
otevírací hodiny	opening hours
peněžní poukázka	money order
PNS	Mail and Newspaper Service
podací lístek	form for registered mail
pohlednice	postcard
poplatek	charge
pošta	post office
poštovné	postage
poštovní schránka	letterbox
poštovní směrovací čislo	post code

→

povinná směna	compulsory exchange
průvodka	form (*accompanying parcel*)
PSČ	postcode
směnárna	bureau de change
spořitelna	savings bank
telegramy	telegrams
vyplnit	to fill in
zahraniční	abroad
známka	stamp

TELEPHONES

Most public phone boxes in Czechoslovakia are for local calls only and are yellow. Coin-operated public phone boxes for long-distance calls are grey and can be found near main post offices, railway stations and other central locations. If you want to make a long-distance or international call from a post office, you should go to the **Telefon-Telegramy** counter. To book an international call you must give the number and leave a deposit, then you will be directed to a phone box and the operator will make the connection for you. In larger towns, the main post office stays open round the clock for telephone calls and telegrams.

In larger towns, you can make direct international calls or arrange for an international telegram to be sent from any private telephone or from your hotel. If you are phoning from a village or small town, all long-distance and international calls go through an operator – in Czech instead of 'operator' the word 'exchange', **ústředna** (*oostrzhedna*) is used. The number for international directory enquiries in Prague is 0149 or 0139.

USEFUL WORDS AND PHRASES

call *(noun)*	telefonní hovor	*telefonee hovor*
(verb)	telefonovat	*telefonovat*
code	předčíslí	*przhetcheesslee*
crossed line	špatné spojení	*shpatneh spo-yenee*
dial *(verb)*	vytočit číslo	*vitochit cheesslo*
dialling tone	oznamovací tón	*oznamovatsee tawn*
emergency	případ nouze	*przheepat nohzeh*
enquiries	informace	*informatseh*
extension	linka	*linka*
international	mezinárodní hovor	*mezinahrodnee hovor*
call		
number	číslo	*cheesslo*
operator	ústředna	*oostrzhedna*
(exchange)		

pay-phone	telefonní automat na mince	*telefonee owtomat na mintseh*
receiver	sluchátko	*slooHahtko*
reverse charge call	hovor na účet volaného	*hovor na oochet volaneh-ho*
telephone	telefon	*telefon*
telephone box	telefonní budka	*telefonee bootka*
telephone directory	telefonní seznam	*telefonee seznam*
wrong number	špatné číslo	*shpatneh cheesslo*

Where is the nearest phone box?
Kde je nejbližší telefonní budka?
gdeh yeh nayblizhshee telefonee bootka

Is there a telephone directory?
Je tady telefonní seznam?
yeh tadi telefonee seznam

I would like the directory for ...
Chtěl (*man*)/chtěla (*woman*) bych telefonní seznam pro ...
Ht-yel/Ht-yela biH telefonee seznam pro

Can I call abroad from here?
Mohu odsud telefonovat do zahraničí?
mo-hoo otsoot telefonovat do zahranichee

How much is a call to ...?
Kolik stojí hovor do ...?
kolik sto-yee hovor do

I would like to reverse the charges
Chtěl (*man*)/chtěla (*woman*) bych hovor na účet volaného
Ht-yel/Ht-yela biH hovor na oochet volaneh-ho

I would like a number in ...
Chtěl (*man*)/chtěla (*woman*) bych číslo v ...
Ht-yel/Ht-yela biH cheesslo v

Hello, this is ... speaking
Haló, u telefonu ...
halaw oo telefonoo

Is that ...?
Je to ...?
yeh to

Speaking
U telefonu
oo telefonoo

I would like to speak to ...
Rád (*man*)/ráda (*woman*) bych mluvil/mluvila s ...
raht/rahda biH mloovil/mloovila s

Extension ... please
Linku ..., prosím
linkoo ... prosseem

Please tell him ... called
Prosím, řekněte mu, že telefonoval ...
prosseem rzhekn-yeteh moo zheh telefonoval

Ask him to call me back, please
Prosím, řekněte mu, at' mi zatelefonuje
prosseem rzhekn-yeteh moo at-yuh mi zatelefonoo-yeh

My number is ...
Mám číslo ...
mahm cheesslo

Do you know where he/she is?
Víte, kde je?
veeteh gdeh yeh

When will he/she be back?
Kdy bude zpátky?
gdi boodeh spahtki

Could you leave him a message?
Můžete mu nechat vzkaz?
moozheteh moo neHat fskas

I'll ring back later
Zatelefonuji později
zatelefonoo-yi pozd-yay-i

Sorry, wrong number
Promiňte, mám špatné číslo
promin-yeteh mahm shpatneh cheesslo

THINGS YOU'LL SEE

informace	enquiries
meziměstský hovor	long-distance call
mezinárodní hovor	international call
místní hovor	local call
ohlašovna poruch	faults service
poplatky	charges
porucha	out of order
předvolba	code
přímá volba	direct dialling
případ nouze	emergency
telefon	telephone
telefonní budka	telephone box

⟶

telefonní kabina	telephone box *(at post-office)*
telefonní seznam	telephone directory
Telefon-Telegramy	Telephone-Telegrams
ústředna	exchange *(operator)*
záloha	deposit

REPLIES YOU MAY BE GIVEN

Haló
Hello

Jaké máte číslo?
What is your number?

Jděte do kabinky číslo ...
Go to phone box number ...

Kdo je u telefonu?
Who is speaking?

Koho voláte?
Who would you like to speak to?

Máte špatné číslo
You've got the wrong number

Mluví. Počkáte si?
The line is engaged. Will you wait?

Není tady
He's not in

→

Nezavěšujte!
Don't hang up!

Nezavěšujte, jste v pořadí
Don't hang up, you are in line

Nikdo to tam nebere
Nobody is answering

Přepojím
I will transfer you

Řeknu mu, že jste telefonoval
I'll tell him you called

Vrátí se v ... hodin
He'll be back at ...

Zavolejte zítra, prosím
Please call again tomorrow

To je omyl
You've got the wrong number

HEALTH

In the case of an accident or in an emergency, first aid is available free of charge, but otherwise the system of free medical care does not extend to most foreigners. In cities, there is always one chemist's that is open all night. Although basic medicines are available, visitors should bring with them any medicines they need to take on a regular basis. Younger doctors will speak some English, but older doctors tend to know German rather than English. No compulsory innoculations are needed before you visit Czechoslovakia and no international certificates of vaccination are required unless you are arriving from an infected area. Medical treatment for visitors is widely available including a special health service for foreigners in Prague – Na Homolce, Roentgenova ul. – phone 52921111 from 7.30 am to 3.30 pm on weekdays and 52922192 in an emergency.

USEFUL WORDS AND PHRASES

accident	nehoda	*nehoda*
ambulance	sanitka	*sanitka*
anaemic	chudokrevný	*Hoodokrevnee*
appendicitis	zánět slepého střeva	*zahn-yet slepeh-ho strzheva*
appendix	slepé střevo	*slepeh strzhevo*
aspirin	aspirin	*aspirin*
asthma	astma	*astma*
backache	bolest v kříži	*bolest v krzheezhi*
bandage	obvaz	*obvas*
bite *(by dog)*	kousnutí	*kohsnootee*
(by insect)	štípnutí	*shteepnootee*
bladder	močový měchýř	*mochovee m-yeHeerzh*
blister	puchýř	*pooHeerzh*
blood	krev	*kref*
blood donor	dárce krve	*dahrtseh kuhrveh*
burn *(noun)*	popálenina	*popahlenina*

99

cancer	rakovina	*rakovina*
chemist's	lékárna	*lehkahrna*
chest	prsa	*puhrssa*
chickenpox	plané neštovice	*planeh neshtovitseh*
cold *(noun)*	nachlazení	*naHlazenee*
concussion	otřes mozku	*otrzhes moskoo*
constipation	zácpa	*zahtspa*
contact lenses	kontaktní čočky	*kontaktnee chochki*
corn	kuří oko	*koorzhee oko*
cough *(noun)*	kašel	*kashel*
cut *(verb)*	říznout se	*rzheeznoht seh*
dentist	zubní lékař	*zoobnee lehkarzh*
diabetes	cukrovka	*tsookrofka*
diarrhoea	průjem	*proo-yem*
doctor	doktor	*doktor*
earache	bolest ucha	*bolest ooHa*
fever	horečka	*horechka*
filling	plomba	*plomba*
first aid	první pomoc	*puhrvnee pomots*
flu	chřipka	*Hrzhipka*
fracture	zlomenina	*zlomenina*
German measles	zarděnky	*zard-yenki*
glasses	brýle	*breeleh*
haemorrhage	krvácení	*kuhrvahtsenee*
hayfever	senná rýma	*senah reema*
headache	bolest hlavy	*bolest hlavi*
heart	srdce	*suhrtseh*
heart attack	infarkt	*infaruhkt*
hospital	nemocnice	*nemotsnitseh*
ill	nemocný	*nemotsnee*
indigestion	špatné trávení	*shpatneh trahvenee*
injection	injekce	*in-yektseh*
itch	svědění	*sv-yed-yenee*
kidney	ledvina	*ledvina*
lump	boule	*bohleh*
measles	spalničky	*spalnichki*

migraine	migréna	*migrehna*
mumps	příušnice	*przhee-ooshnitseh*
nausea	špatně od žaludku	*shpatn-yeh od zhalootkoo*
nurse	sestra	*sestra*
operation	operace	*operatseh*
optician	optik	*optik*
pain	bolest	*bolest*
penicillin	penicilín	*penitsileen*
plaster *(sticky)*	náplast	*nahplast*
plaster of Paris	sádra	*sahdra*
pneumonia	zápal plic	*zahpal plits*
pregnant	těhotná	*t-yehotnah*
prescription	lékařský předpis	*lehkarzhskee przhetpis*
rheumatism	revmatismus	*revmatizmoos*
scald *(noun)*	opaření	*oparzhenee*
scratch	škrábnutí	*shkrahbnootee*
smallpox	neštovice	*neshtovitseh*
sore throat	bolest v krku	*bolest fkuhrkoo*
splinter	tříska	*trzheeska*
sprain	výron	*veeron*
sting	bodnutí	*bodnootee*
stomach	žaludek	*zhaloodek*
temperature	teplota	*teplota*
tonsils	mandle	*mandleh*
toothache	bolest zubů	*bolest zooboo*
travel sickness	cestovní nevolnost	*tsestovnee nevolnost*
ulcer	vřed	*vuhrzhet*
vaccination	očkování	*ochkovahnee*
vomit *(verb)*	zvracet	*zvratset*
whooping cough	černý kašel	*chernee kashel*

I have a pain in ...
Bolí mě v ...
bolee myeh v

I don't feel well
Není mi dobře
nenee mi dobrzheh

I feel faint
Je mi slabo
yeh mi slabo

I feel sick
Je mi špatně
yeh mi shpatn-yeh

I feel dizzy
Motá se mi hlava
motah seh mi hlava

It hurts here
Tady to bolí
tadi to bolee

It's a sharp/dull pain
Je to ostrá/tupá bolest
yeh to ostrah/toopah bolest

It hurts all the time
Bolí to pořád
bolee to porzhaht

It only hurts now and then
Bolí to jen tu a tam
bolee to yen too a tam

It hurts when you touch it
Bolí to při doteku
bolee to przhi dotekoo

It hurts more at night
Bolí to víc v noci
bolee to veets vnotsi

It stings
Píchá to
peeHah to

It aches
Bolí to
bolee to

I have a temperature
Mám teplotu
mahm teplotoo

I need a prescription for ...
Potřebuji recept na ...
potrzheboo-yi retsept na

I usually take ...
Normálně beru ...
normahln-yeh beroo

I'm allergic to ...
Jsem alergický *(man)*/alergická *(woman)* na ...
yuhsem alergitskee/alergitskah na

Have you got anything for ...?
Máte něco na ...?
mahteh n-yetso na

Do I need a prescription for ...?
Potřebuji recept na ...?
potrzheboo-yi retsept na

I have lost a filling
Vypadla mi plomba
vipadla mi plomba

THINGS YOU'LL SEE

brýle	glasses
doktor	doctor
chirurgie	surgery
jen na lékařský předpis	only on prescription
klinika	clinic
krevní tlak	blood pressure
lék	medicine
lékárenská služba	duty chemist
lékařský předpis	prescription
na prázdný žaludek	on an empty stomach
nemocnice	hospital
oční lékař	eye specialist
pohotovostní služba	emergencies
recept	prescription
rentgen	X-ray
sanitka	ambulance
stanice první pomoci	First Aid Post
ušní, nosní a krční doktor	ear, nose and throat specialist
vyšetření	check-up
zubní lékař	dentist

THINGS YOU'LL HEAR

Berte ... tablety najednou
Take ... pills/tablets at a time

→

Co normálně berete?
What do you usually take?

Co vás bolí?
Where do you feel pain?

Jednou/dvakrát/třikrát denně
Once/twice/three times a day

Jenom před spaním
Only when you go to bed

Lituji, to nemáme
I'm sorry, we don't have that

Myslím, že byste měl jít k doktorovi
I think you should see a doctor

Rozkousejte je
Chew them

S vodou
With water

MINI-DICTIONARY

about: about 16 asi šestnáct
accelerator pedál plynu
accident nehoda
accommodation ubytování
ache bolest
adaptor *(electrical)* adaptér
address adresa
adhesive lepicí
after po
aftershave voda po holení
again znovu
against proti
air-conditioning klimatizace
aircraft letadlo
air freshener osvěžovač vzduchu
air hostess letuška
airline letecká linka
airport letiště
alcohol alkohol
all všechno
  all the streets všechny ulice
  that's all, thanks to je všechno,
  děkuji
almost téměř
alone sám
already už
always vždy
am: I am já jsem
ambulance sanitka
America Amerika
American *(man)* Američan
  (woman) Američanka
  (adj) americký
and a
ankle kotník
anorak větrovka s kapucí
another *(different)* jiný
  (one more) ještě jednu
anti-freeze nemrznoucí směs

antique shop starožitnictví
antiseptic antiseptický
apartment apartmá
aperitif aperitiv
appetite chuť
apple jablko
application form formulář žádosti
appointment schůzka
apricot meruňka
are: you are vy jste
  we are my jsme
  they are oni jsou
arm paže
art umění
art gallery výstavní síň
artist umělec
as: as soon as possible jakmile
ashtray popelník
asleep: he's asleep on spí
aspirin aspirin
Astronomical Clock orloj
at: at the post office na poště
  at night v noci
  at 3 o'clock ve tři hodiny
attractive přitažlivý
aunt teta
Austerlitz Slavkov
Australia Austrálie
Australian *(man)* Australan
  (woman) Australanka
  (adj) australský
Austria Rakousko
Austrian *(man)* Rakušan
  (woman) Rakušanka
  (adj) rakouský
automatic automatický
away: is it far away? je to daleko?
  go away! jděte pryč!
awful strašný

axe sekera
axle náprava

baby děťátko
back *(not front)* vzadu
  (body) záda
bacon slanina
  bacon and eggs slanina s
  vejci
bad špatný
bait návnada
bake péci
baker pekař
balcony balkón
ball *(football)* fotbalový míč
  (tennis) tenisový míč
ball-point pen kuličkové pero
banana banán
band *(musicians)* kapela
bandage obvaz
bank banka
banknote bankovka
bar bar
  bar of chocolate tabulka
  čokolády
barber's holičství
bargain výhodná koupě
basement suterén
basin *(sink)* dřez
basket koš
bath koupel
  to have a bath vykoupat se
bathing hat koupací čepice
bathroom koupelna
battery baterie
beach pláž
beans fazole
beard vous
because protože
bed postel
bed linen ložní prádlo
bedroom ložnice

beef hovězí
beer pivo
before před
beginner začátečník
behind za
beige béžová barva
bell *(church)* zvon
  (door) zvonek
below pod
belt opasek
beside vedle
best nejlepší
better lepší
between mezi
bicycle kolo
big velký
bikini bikini
bill účet
bird pták
birthday narozeniny
  happy birthday! všechno
  nejlepší k narozeninám!
  birthday present dárek k
  narozeninám
biscuit sušenka
bite *(verb)* kousnout
  (noun) kousnutí
  (by insect) štípnutí
bitter hořký
black černý
blackberry ostružina
blanket deka
bleach *(verb: hair)* odbarvit
  (noun) odbarvovač
blind *(cannot see)* slepý
blister puchýř
blood krev
blouse halenka
blue modrý
boat loď
  (smaller) člun
body tělo

Bohemia Čechy
Bohemian *(man)* Čech
  (woman) Češka
  (adj) český
boil *(verb)* vařit
bolt *(verb)* zavřít na zástrčku
  (noun: on door) zástrčka
bone kost
bonnet *(car)* kapota
book *(noun)* kniha
  (verb) rezervovat
booking office pokladna
bookshop prodejna knih
boot *(car)* kufr
  (footwear) bota
border hranice
boring nudný
born: I was born in ... *(man)*
  narodil jsem se v ...
  (woman) narodila jsem se v ...
both oba
  both of them oba dva
  both of us my oba
  both ... and ... jak ..., tak ...
bottle láhev
bottle-opener otvírák
bottom dno
bowl miska
box krabice
boy chlapec
boyfriend přítel
bra podprsenka
bracelet náramek
braces šle
brake *(noun)* brzda
  (verb) brzdit
brandy brandy
bread chleba
breakdown *(car)* porucha
  (nervous) zhroucení
breakfast snídaně
breathe dýchat

  I can't breathe nemohu dýchat
bridge most
briefcase aktovka
British britský
brochure brožura
broken zlomený
  broken leg zlomená noha
brooch brož
brother bratr
brown hnědý
bruise pohmožděnina
brush *(noun)* kartáč
  (for paint) štětec
  (verb) kartáčovat
bucket vědro
Budweis Budvar
building budova
bumper nárazník
burglar lupič
burn *(verb)* pálit
  (noun) popálenina
bus autobus
bus station autobusové nádraží
business obchod
  it's none of your business to
  není tvoje věc
busy *(occupied)* zaneprázdněný
  (bar) navštěvovaný
but ale
butcher řezník
butter máslo
button knoflík
buy koupit
by: by the window u okna
  by Friday do pátku
  by myself sám

cabbage zelí
cable car lanovka
café kavárna
cake dort
calculator kalkulačka

call: what's it called? jak se to
   jmenuje?
camera kamera
campsite tábořiště
camshaft vačkový hřídel
can *(tin)* konzerva
   can I have ...? mohu dostat ...?
Canada Kanada
Canadian *(man)* Kanad'an
   (woman) Kanad'anka
   (adj) kanadský
cancer rakovina
candle svíčka
canoe kanoe
cap *(bottle)* uzávěr
   (hat) čepice
car auto
caravan přívěs
carburettor karburátor
card karta
cardigan pletená vesta
careful opatrný
   be careful! bud' opatrný!
Carlsbad Karlovy Vary
carpet koberec
carriage *(train)* vagón
carrot mrkev
carry-cot taška na přenášení
   dítěte
case *(suitcase)* kufr
cash hotovost
   (coins) mince
   to pay cash platit v hotovosti
cassette kazeta
cassette player kazetový
   magnetofon
castle zámek
cat kočka
cathedral katedrála
cauliflower květák
cave jeskyně
cemetery hřbitov

centre střed
certificate potvrzení
chair židle
chamber music komorní hudba
chambermaid pokojská
change *(noun: money)* výměna
   (verb: clothes) převléknout
cheap levný
cheers! na zdraví!
cheese sýr
chemist *(shop)* lékárna
cheque šek
cheque book šeková knížka
cherry třešeň
chess šachy
chest hrud'
chewing gum žvýkačka
chicken kuře
child dítě
children děti
china porcelán
chips hranolky
chocolate čokoláda
   box of chocolates bonboniéra
chop *(food)* kotleta
   (to cut) sekat
Christian name křestní jméno
church kostel
cigar doutník
cigarette cigareta
cinema kino
city velkoměsto
city centre centrum města
class třída
classical music vážná hudba
clean čistý
clear *(obvious)* zřejmý
   (water) čistá
   is that clear? je to jasné?
clever chytrý
clock hodiny
   (alarm) budík

close *(near)* blízký
  (stuffy) dusný
  (verb) zavřít
  the shop is closed obchod je
  zavřený
clothes šaty
club klub
  (cards) kříže
clutch spojka
coach dálkový autobus
  (of train) vagón
coach station autobusové
  nádraží
coat kabát
coathanger ramínko na šaty
cockroach šváb
coffee káva
coin mince
cold *(illness)* nachlazení
  (adj) studený
collar límec
collection *(stamps etc)* sbírka
colour barva
colour film barevný film
comb *(noun)* hřeben
  (verb) česat
come přijít
  I come from ... pocházím z ...
  we came last week přijeli
  jsme minulý týden
  come here! pojď sem!
compartment kupé
complicated komplikovaný
computer počítač
concert koncert
conditioner *(hair)* regenerační
  přípravek na vlasy
conductor *(bus)* průvodčí
  (orchestra) dirigent
congratulations! blahopřeji!
constipation zácpa
consulate konzulát

contact lenses kontaktní čočky
contraceptive antikoncepční
  prostředek
cook *(noun: man)* kuchař
  (woman) kuchařka
  (verb) vařit
cooking utensils nádobí
cool chladný
cork zátka
corkscrew vývrtka
corner roh
corridor chodba
cosmetics kosmetika
cost *(verb)* stát
  what does it cost? co to stojí?
cotton bavlna
cotton wool vata
cough *(verb)* kašlat
  (noun) kašel
country *(state)* země
  (not town) venkov
cousin *(male)* bratranec
  (female) sestřenice
crab krab
cramp křeč
crayfish rak
cream smetana
credit card úvěrová karta
crew posádka
crisps bramborové lupínky
crowded přeplněný
crown koruna
cruise plavba
crutches berle
cry *(weep)* plakat
  (shout) křičet
crystal křišťálové sklo
cucumber okurka
cufflinks manžetové knoflíčky
cup šálek
cupboard kredenc
curlers natáčky

curls kudrlinky
curry kari
curtain záclona
Customs celnice
cut *(noun)* říznutí
　　(verb) říznout
cut glass broušené sklo
Czech *(man)* Čech
　　(woman) Češka
　　(adj) český
Czechoslovakia Československo

dad tatínek
dairy *(adj)* mléčny
damp vlhký
dance *(noun)* ples
　　(verb) tancovat
dangerous nebezpečný
Danube Dunaj
dark tmavý
daughter dcera
day den
dead mrtvý
deaf hluchý
dear *(person, expensive)* drahý
deckchair lehátko
deep hluboký
deliberately záměrně
dentist zubní lékař
dentures umělý chrup
deny popřít
　I deny it popírám to
deodorant deodorant
department store obchodní dům
departure odjezd
develop *(a film)* vyvolat
diamond *(jewel)* diamant
　　(cards) káro
diarrhoea průjem
diary deník
dictionary slovník
die zemřít

diesel diesel
different jiný
　that's different to je jiné
　I'd like a different one *(man)*
　chtěl bych jiný
　(woman) chtěla bych jiný
difficult těžké
dining car jídelní vůz
dining room jídelna
directory *(telephone)* telefonní seznam
dirty špinavý
disabled invalidní
distributor *(car)* rozdělovač
dive skočit po hlavě
diving board skákací prkno
divorced rozvedený
do dělat
doctor doktor
document doklad
dog pes
doll panenka
dollar dolar
door dveře
double room dvoulůžkový pokoj
doughnut kobliha
down dolů
drawing pin připínáček
dress šaty
drink *(verb)* pít
　　(noun) nápoj
　would you like a drink?
　napijete se něčeho?
drinking water pitná voda
drive *(verb)* řídit
driver řidič
driving licence řidičský průkaz
drunk opilý
dry suchý
dry cleaner's chemická čistírna
dummy *(for baby)* dudlík
during během
dustbin popelnice

duster prachovka
Dutch holandský
duty-free beze cla

each *(every)* každý
  twenty crowns each dvacet
  korun každý
ear ucho
  ears uši
early brzy
earrings náušnice
east východ
easy snadný
eat jíst
egg vejce
either: either of them jeden
  nebo druhý
  either ... or ... buď..., nebo ...
elastic elastický
elastic band gumička
elbow loket
electric elektrický
electricity elektřina
else: something else něco jiného
  someone else někdo jiný
  somewhere else někde jinde
embarrassing trapný
embassy vyslanectví
embroidery výšivka
emerald smaragd
emergency případ nouze
emergency brake záchranná brzda
empty prázdný
end konec
engaged *(couple)* zasnoubený
  (occupied) obsazený
engine motor
England Anglie
English *(adj)* anglický
  (language) angličtina
Englishman Angličan
Englishwoman Angličanka

enlargement zvětšení
enough dost
entertainment zábava
entrance vchod
envelope obálka
escalator eskalátor
especially speciálně
evening večer
every každý
everyone jeden každý
everything všechno
everywhere všude
example příklad
  for example například
excellent skvělý
excess baggage zavazadla nad
  povolenou váhu
exchange *(verb)* měnit
exchange rate devizový kurs
excursion exkurze
excuse me! *(to get attention)*
  promiňte!
exit východ
expensive drahý
extension linka
eye oko
  eyes oči
eye drops oční kapky

face tvář
faint *(unclear)* nejasný
  (verb) omdlít
  to feel faint být komu na omdlení
fair *(funfair)* pouť
  it's not fair není to správné
false teeth falešný chrup
family rodina
fan *(ventilator)* ventilátor
  (enthusiast) fanoušek
fan belt klínový řemen u větráku
far daleko
  how far is ...? jak je daleko ...?

fare jízdné
farm farma
farmer farmář
fashion móda
fast rychlý
fat *(of person)* tlustý
  (on meat etc) sádlo
father otec
fax fax
feel *(touch)* cítit
  I feel hot je mi horko
  I feel like ... chce se mi ...
  I don't feel well necítím se
  dobře
feet chodidla
felt-tip pen pero s plstěným
  hrotem
ferry přívoz
fever horečka
fiancé snoubenec
fiancée snoubenka
field pole
fig fík
filling *(tooth)* plomba
film film
filter filtr
finger prst
fire krb
  (blaze) oheň
fire extinguisher hasicí přístroj
firework ohňostroj
first první
first aid první pomoc
first floor první poschodí
fish ryba
fishing rybaření
  to go fishing jít na ryby
fishing rod rybářský prut
fishmonger prodavač ryb
fizzy šumivý
flag vlajka
flash *(camera)* blesk

flat *(level)* plochý
  (apartment) byt
flavour příchut'
flea blecha
flight let
flippers ploutve
flour mouka
flower květina
flu chřipka
flute flétna
fly *(verb)* letět
  (insect) moucha
fog mlha
folk music lidová hudba
food jídlo
food poisoning otrava jídlem
foot noha
football fotbal
  (ball) fotbalový míč
for pro
  for me pro mě
  what for? na co?
  for a week na týden
foreigner cizinec
forest les
fork vidlička
fortnight čtrnáct dní
fountain pen plnicí pero
fourth čtvrtina
fracture zlomenina
France Francie
free *(at liberty)* svobodný
  (no cost) bezplatný
freezer mraznička
French francouzský
fridge lednička
friend přítel
friendly přátelský
front: in front of ... před ...
frost mráz
fruit ovoce
fruit juice ovocná št'áva

fry smažit
frying pan pánev
full plný
  I'm full už jsem se najedl
full board plná penze
funnel *(for pouring)* trychtýř
funny *(amusing)* zábavný
  (odd) divný
furniture nábytek

garage garáž
garden zahrada
garlic česnek
gay *(homosexual)* homosexuál
gear rychlost
gear lever rychlostní páka
gents *(toilet)* páni, muži
German *(man)* Němec
  (woman) Němka
  (adj) německý
Germany Německo
get *(fetch)* vzít
  have you got ...? máte ...?
  (familiar) máš ...?
  to get the train jet vlakem
get back: we get back
  tomorrow vrátíme se zítra
  to get something back dostat
  něco zpátky
get in *(to car etc)* jít dovnitř
  (arrive) dorazit
get out jít ven
get up vstát
Giant Mountains Krkonoše
gift dárek
gin džin
girl dívka
girlfriend přítelkyně
give dávat
glad rád
  I'm glad *(man)* jsem rád
  (woman) jsem ráda

glass *(material)* sklo
  (for drinking) sklenice
glasses brýle
gloss prints fotografie na lesklém
  papíru
gloves rukavice
glue lepidlo
goggles ochranné brýle
gold zlato
Golden Cross Zlatý kříž
Golden Prague Zlatá Praha
good dobrý
  good! dobře!
goodbye nashledanou
government vláda
granddaughter vnučka
grandfather dědeček
grandmother babička
grandson vnuk
grapes hrozny
grass tráva
Great Britain Velká Británie
green zelený
grey šedý
grill gril
grocer's obchod potravinami
ground floor přízemí
ground sheet nepromokavá podložka
guarantee *(noun)* záruka
  (verb) zaručit
guard stráž
guide book průvodce
guitar kytara
gun *(rifle)* puška
  (pistol) pistole
Gunpowder Tower Prašná brána

hair vlasy
haircut zástřih
hairdresser kadeřník
hair dryer fén
hair spray lak na vlasy

half polovina
  half an hour půl hodiny
half board polopenze
ham šunka
hamburger hamburger
hammer kladivo
hand ruka
hand brake ruční brzda
handbag taška
handkerchief kapesník
handle *(door)* klika
handsome hezký
hangover kocovina
happy šťastný
harbour přístav
hard tvrdý
  (difficult) těžký
hard lenses tvrdé kontaktní čočky
hat klobouk
have mít
  I don't have ... nemám ...
  can I have ...? mohu dostat ...?
  have you got ...? máte ...?
  I have to go now už musím jít
hayfever senná rýma
he on
head hlava
headache bolest hlavy
headlights přední světla
hear slyšet
hearing aid naslouchátko
heart srdce
heart attack infarkt
heating topení
heavy těžký
heel podpatek
hello ahoj
help *(noun)* pomoc
  (verb) pomáhat
  help! pomoc!
her: it's her to je ona
  it's for her to je pro ni

  give it to her dej to jí
  her house její dům
  her shoes její boty
  it's hers to je její
high vysoký
High Tatras Vysoké Tatry
highway code pravidla silničního provozu
hill kopec
him: it's him to je on
  it's for him to je pro něj
  give it to him dej to jemu
hire pronajmout
his: his house jeho dům
  his shoes jeho boty
  it's his to je jeho
history historie
hitch-hike jezdit autostopem
hobby koníček
holiday prázdniny
honest čestný
honey med
honeymoon líbánky
horn *(car)* klakson
  (animal) roh
horrible hrozný
hospital nemocnice
hot water bottle zahřívací láhev
hour hodina
house dům
how? jak?
Hungarian *(man)* Maďar
  (woman) Maďarka
  (adj) maďarský
Hungary Maďarsko
hungry: I'm hungry mám hlad
hurry: I'm in a hurry spěchám
husband manžel

I já
ice led
ice cream zmrzlina

ice cube kostka ledu
if jestli
ignition zapalování
ill nemocný
immediately okamžitě
impossible nemožný
in v
  in English anglicky
  in the hotel v hotelu
Indian *(adj)* indický
indicator ukazovatel
indigestion špatné trávení
infection infekce
information informace
injection injekce
injury zranění
ink inkoust
inner tube duše pneumatiky
insect repellent repelent
insomnia nespavost
insurance pojištění
interesting zajímavý
interpret tlumočit
invitation pozvání
Ireland Irsko
Irish irský
Irishman Irčan
Irishwoman Irčanka
iron *(metal)* železo
  (for clothes) žehlička
ironmonger obchodník železem
is: he/she/it is ... on/ona/to je ...
island ostrov
it to
itch *(noun)* svědění
  it itches svědí to

jacket sako
jam džem
jazz džez
jealous žárlivý
jeans džíny

jeweller klenotník
job zaměstnání
jog *(verb)* kondičně běhat
joke žert
journey cesta
jumper svetr
just: it's just arrived právě to došlo
  (only) jenom
  I've just one left zbývá mi jen
  jeden

key klíč
kidney ledvina
kilo kilo
kilometre kilometr
kitchen kuchyně
knee koleno
knife nůž
knit plést
know: I don't know nevím

label nálepka
lace krajka
laces *(of shoe)* tkanička
ladies *(toilet)* dámy, ženy
lake jezero
lamb jehně
lamp lampa
lampshade stínítko
land *(noun)* země
  (verb) přistát
language jazyk
large velký
last *(final)* poslední
  last week minulý týden
  last month minulý měsíc
  at last! konečně!
late: it's getting late připozdívá se
  the bus is late ten autobus má
  zpoždění
laugh smát se
launderette veřejná prádelna

laundry *(place)* prádelna
  (dirty clothes) prádlo
laxative projímadlo
lazy líný
leaf list
leaflet *(political)* leták
  (advertising) prospekt
learn učit se
leather kůže
left *(not right)* levá
  there's nothing left nic tu
  nezbylo
left luggage locker skřínka
  úschovný zavazadel
leg noha
lemon citrón
lemonade limonáda
length délka
lens čočka
less méně
Lesser Town Malá Strana
lesson lekce
letter dopis
letterbox domovní schránka na
  dopisy
lettuce salát
library knihovna
licence oprávnění
life život
lift *(in building)* výtah
  could you give me a lift?
  mohl byste mě svézt?
light *(not heavy)* lehký
  (not dark) světlý
light meter světloměr
lighter zapalovač
lighter fuel benzín do zapalovače
like: I like you *(said by a man)*
  mám tě rád
  (said by a woman) mám tě ráda
  I like swimming *(man)* rád
  plavu

  (woman) ráda plavu
  it's like ... je to jako ..
lip salve mast na rty
lipstick rtěnka
liqueur likér
list seznam
litre litr
litter smetí
little *(small)* malý
  it's a little big je to trochu velké
  just a little jen trochu
liver játra
lollipop lízátko
long dlouhý
  how long does it take? jak
  dlouho to trvá?
lorry nákladní auto
lost property ztráty a nálezy
lot: a lot hodně
loud hlasitý
  (colour) křiklavá
lounge hala
love *(noun)* láska
  (verb) milovat
lover *(man)* milenec
  (woman) milenka
low nízký
Low Tatras Nízké Tatry
luck štěstí
  good luck! mnoho štěstí!
luggage zavazadlo
luggage rack přihrádka na zavazadla
lunch oběd

magazine časopis
mail pošta
make udělat
make-up make-up
man člověk
manager vedoucí
map mapa
  a map of Prague mapa Prahy

marble mramor
margarine margarín
Marienbad Mariánské Lázně
market trh
marmalade marmeláda
married *(man)* ženatý
  (woman) vdaná
mascara řasenka
mass *(church)* mše
mast stěžeň
match *(light)* zápalka
  (sport) zápas
material *(cloth)* látka
mattress matrace
maybe možná
me: it's me to jsem já
  it's for me to je pro mě
  give it to me dej to mně
meal jídlo
meat maso
mechanic mechanik
medicine lék
meeting schůze
melon meloun
menu jídelní lístek
message zpráva
midday poledne
middle: in the middle ve
  středu
midnight půlnoc
milk mléko
mine: it's mine to je moje
mineral water minerální voda
minute minuta
mirror zrcadlo
Miss slečna
mistake chyba
  to make a mistake udělat
  chybu
Moldau Vltava
monastery klášter
money peníze

month měsíc
monument památník
moon měsíc
moped moped
Moravia Morava
Moravian *(man)* Moravan
  (woman) Moravanka
  (adj) moravský
more více
morning ráno
  in the morning ráno
mosaic mozaika
mosquito komár
mother matka
motorbike motorka
motorboat motorový člun
motorway dálnice
mountain hora
mouse myš
moustache knír
mouth ústa
move hýbat
  don't move! nehýbej se!
  (house) stěhovat
movie film
Mr pan
Mrs paní
much: not much moc ne
  much better/slower mnohem
  lepší/pomalejší
mug hrnek
mum maminka
museum muzeum
mushroom houba
music hudba
music festival hudební festival
musical instrument hudební
  nástroj
musician hudebník
mustard hořčice
my: my bag moje taška
  my keys moje klíče

nail *(metal)* hřebík
  (finger) nehet
nail file pilník na nehty
nail polish lak na nehty
name jméno
nappy plenka
narrow úzký
near: near the door blízko dveří
  near London blízko Londýna
necessary nutný
necklace náhrdelník
need *(verb)* potřebovat
  I need ... potřebuji ...
  there's no need není třeba
needle jehla
negative *(photo)* negativ
neither: neither of them žádný
  z nich
  neither ... nor ... ani ... ani ...
nephew synovec
never nikdy
new nový
news zprávy
newsagent majitel prodejny novin
newspaper noviny
New Zealand Nový Zéland
New Zealander *(man)*
  Novozéland'an
  (woman) Novozéland'anka
next příští
  next week příští týden
  next month příští měsíc
  what next? co dál?
nice milý
niece neteř
night noc
nightclub noční klub
nightdress noční košile
night porter noční vrátný
no *(response)* ne
  I have no money nemám
  žádné peníze

noisy hlučný
north sever
Northern Ireland Severní Irsko
nose nos
not ne
notebook zápisník
nothing nic
novel román
now nyní
nowhere nikde
nudist nudista
number číslo
number plate státní poznávací
  značka
nurse zdravotní sestra
nut *(fruit)* ořech
  (for bolt) matice šroubu

occasionally příležitostně
office kancelář
often často
oil olej
ointment mast
OK v pořádku
old starý
Old Town Staré Město
olive oliva
omelette omeleta
on na
one jedna
onion cibule
only jenom
open *(verb)* otevřít
  (adj) otevřený
opposite: opposite the hotel
  proti hotelu
optician optik
or nebo
orange *(colour)* oranžová
  (fruit) pomeranč
orange juice pomerančová št'áva
orchestra orchestr

ordinary obyčejný
organ orgán
  (music) varhany
our náš
  it's ours to je naše
out: he's out on není doma
outside venku
over *(above)* nad
  over there tamhle
overtake předjet

pack of cards balíček karet
package balíček
packet krabička
  a packet of ... krabička ...
padlock visací zámek
page strana
pain bolest
paint *(noun)* barva
pair pár
pale bledý
pancakes lívance
paper papír
parcel balík
pardon? prosím?
parents rodiče
park *(noun)* park
  (verb) parkovat
parsley petržel
party *(celebration)* oslava
  (group) skupina
  (political) strana
passenger pasažér
passport pas
pasta těstoviny
path stezka
pavement chodník
pay platit
peach broskev
peanuts burské oříšky
pear hruška
pearl perla

peas hrášek
pedestrian chodec
peg *(clothes)* kolíček na prádlo
pen pero
pencil tužka
pencil sharpener ořezávátko
penfriend přítel k dopisování
penknife perořízek
people lidé
pepper *(& salt)* pepř
  (red/green) paprika
per: per night za noc
perfect perfektní
perfume parfém
perhaps snad
perm trvalá
petrol benzín
petrol station benzínová stanice
petticoat spodnička
photograph *(noun)* fotografie
  (verb) fotografovat
photographer fotograf
phrase book konverzační příručka
piano piáno
pickpocket kapesní zloděj
picnic piknik
piece kus
pillow polštář
pilot pilot
Pilsen Plzeň
pin špendlík
pine *(tree)* borovice
pineapple ananas
pink růžový
pipe *(for smoking)* dýmka
  (for water) trubka
piston píst
pizza pizza
place místo
plant rostlina
plaster *(for cut)* náplast
plastic umělá hmota

plastic bag igelitová taška
plate talíř
platform nástupiště
play *(theatre)* hra
please prosím
plug *(electrical)* zástrčka
  (sink) zátka
pocket kapsa
poison jed
Poland Polsko
Pole *(man)* Polák
  (woman) Polka
police policie
police station policejní stanice
policeman policista
Polish polský
politics politika
poor chudý
  (bad quality) špatný
pop music populární hudba
pork vepřové
port *(harbour)* přístav
porter *(for luggage)* nosič
  (hotel) portýr
possible možný
post *(noun)* pošta
  (verb) poslat poštou
post box poštovní schránka
postcard pohlednice
poster plakát
post office pošta
postman poštovní doručovatel
potato brambor
poultry drůbež
pound *(money, weight)* libra
powder prášek
Prague Praha
Prague Castle Pražský hrad
pram kočárek
prescription lékařský předpis
pretty *(beautiful)* krásná
  (quite) hezká

priest kněz
private soukromý
problem problém
  what's the problem? v čem je
  problém?
public veřejný
pull táhnout
puncture píchnutí pneumatiky
purple fialový
purse peněženka
push tlačit
pushchair skládací kočárek
pyjamas pyžamo

quality kvalita
question otázka
queue *(noun)* řada
  (verb) stát v řadě
quick rychlý
quiet tichý
quite *(fairly)* docela
  (fully) úplně

radiator radiátor
radio rádio
radish ředkvička
railway line železniční trať
rain déšť
raincoat nepromokavý
  plášť
raisins rozinky
rare *(uncommon)* zřídkavý
  (steak) polosyrový
rat krysa
razor blades žiletky
read číst
reading lamp stolní lampa
  (bedside) noční lampička
ready připravený
rear lights zadní světla
receipt potvrzení
receptionist recepční

record *(music)* gramofonová deska
  (sporting etc) rekord
record player gramofon
record shop obchod s
  gramofonovými deskami
red červený
refreshments občerstvení
registered letter doporučený
  dopis
relative relativný
relax odpočívat
religion náboženství
remember pamatovat
  I don't remember nepamatuji se
rent *(verb)* pronajmout
reservation rezervace
rest *(remainder)* zbytek
  (relax) odpočívat
restaurant restaurace
return *(come back)* návrat
  (give back) vrátit
return ticket zpáteční lístek
rice rýže
rich bohatý
right *(correct)* správný
  (direction) doprava
ring *(to call)* zatelefonovat
  (wedding etc) prsten
ripe zralý
river řeka
road cesta
rock *(stone)* skála
  (music) rock
roll *(bread)* rohlík
roof střecha
room místnost
  (space) prostor
rope provaz
rose růže
round *(circular)* kulatý
  it's my round tuhle rundu
  platím já

rowing boat veslice
rubber *(eraser)* guma
  (material) guma
rubbish smetí
ruby *(stone)* rubín
rucksack ruksak
rug *(mat)* kobereček
  (blanket) přikrývka
ruins ruiny
ruler *(for drawing)* pravítko
rum rum
run *(person)* běžet
runway ranvej

sad smutný
safe bezpečný
safety pin zavírací špendlík
sailing boat plachetnice
salad salát
salami salám
sale *(at reduced prices)* výprodej
salmon losos
salt sůl
same: the same dress stejné šaty
  the same people stejní lidé
  same again, please ještě jednou
  to samé, prosím
sand písek
sandals sandály
sandwich obložený chléb
sanitary towels dámské vložky
sauce omáčka
saucepan pánev
sauna sauna
sausage párek
say říkat
  what did you say? *(to a man/
  woman)* co jsi říkal/říkala?
  how do you say...? jak řekneš ...?
scarf šátek
school škola
scissors nůžky

Scottish skotský
Scotland Skotsko
Scot *(man)* Skot
  (woman) Skotka
screw šroubovat
screwdriver šroubovák
sea moře
seat sedadlo
seat belt bezpečnostní pás
second *(of time)* sekunda
  (in series) druhý
see vidět
  I can't see nevidím
  I see chápu
sell prodávat
sellotape® izolepa
separate oddělit
separated odloučený
serious vážný
serviette ubrousek
several několik
sew šít
shampoo šampón
shave *(noun)* holení
  (verb) holit
shaving foam pěna na holení
shawl šála
she ona
sheet prostěradlo
sherry sherry
ship loď
shirt košile
shoe laces tkaničky do bot
shoe polish krém na boty
shoes boty
shop obchod
shopping nakupování
  to go shopping jít na
  nákup
short krátký
shorts šortky
shoulder rameno

shower *(bath)* sprcha
  (rain) přeháňka
shutter *(camera)* závěr
  (window) okenice
sick *(ill)* nemocný
  I feel sick je mi špatně
side *(edge)* okraj
  I'm on her side jsem na její
  straně
sidelights boční světla
sights: the sights of ... turisticky
  atraktivní místa ...
silk hedvábí
silver *(colour)* stříbrná
  (metal) stříbro
simple jednoduchý
sing zpívat
single *(one)* jediný
  (unmarried man) svobodný
  (unmarried woman) svobodná
single room pokoj pro jednoho
sister sestra
skid *(verb)* dostat smyk
skin cleanser pleťové mléko
skirt sukně
sky obloha
sleep *(noun)* spánek
  (verb) spát
  to go to sleep jít spát
sleeping bag spací pytel
sleeping pill prášek na spaní
slippers pantofle
Slovak *(man)* Slovák
  (woman) Slovenka
  (adj) slovenský
Slovakia Slovensko
slow pomalý
small malý
smell *(noun: pleasant)* vůně
  (verb) vonět
  (noun: unpleasant) zápach
  (verb) zapáchat

smile *(noun)* úsměv
  (verb) usmívat se
smoke *(noun)* kouř
  (verb) kouřit
snack rychlé občerstvení
snow sníh
so: so good tak dobrý
  not so much ne tak mnoho
soaking solution *(for contact lenses)* fyziologický roztok
socks ponožky
soda water sodová voda
soft lenses měkké čočky
somebody někdo
somehow nějak
something něco
sometimes někdy
somewhere někde
son syn
song píseň
sorry! promiňte!
  I'm sorry lituji
soup polévka
south jih
South Africa Jižní Afrika
South African *(man)* Jihoafričan
  (woman) Jihoafričanka
  (adj) jihoafrický
souvenir suvenýr
Soviet sovětský
Soviet Union Sovětský svaz
spa lázně
spade *(shovel)* rýč
  (cards) piky
spanner klíč na matice
spares náhradní díly
spark(ing) plug svíčka motoru
speak mluvit
  do you speak ...? mluvíte ...?
  I don't speak ... nemluvím ...
speed rychlost

speed limit omezení rychlosti
speedometer tachometr
spider pavouk
spinach špenát
spoon lžička
sprain *(verb)* zvrtnout
spring *(mechanical)* pružina
  (season) jaro
stadium stadión
staircase schodiště
stairs schody
stamp známka
stapler sešívačka
star hvězda
  (film) filmová hvězda
start *(verb)* začít
station stanice
statue socha
steak biftek
steal krást
  it's been stolen ukradli to
steering wheel volant
stewardess stevardka
sting *(noun)* bodnutí
  (verb) bodnout
  it stings pálí to
stockings punčochy
stomach žaludek
stomach ache bolest žaludku
stop *(verb)* zastavit
  (bus stop) zastávka autobusu
  stop! stůj!
storm bouře
strawberry jahoda
stream *(small river)* potok
street ulice
string *(cord)* provaz
  (guitar etc) struna
student student
stupid hloupý
suburbs předměstí
sugar cukr

suit *(noun)* oblek
  (verb) slušet
  it suits you sluší ti to
suitcase kufr
sun slunce
sunbathe opalovat se
sunburn spálenina
sunglasses sluneční brýle
sunny: it's sunny je slunečno
suntan opálení
suntan oil olej na opalování
supermarket velká samoobsluha
supplement dodatek
sure jistý
  are you sure? *(to a man/ woman)* jste si jistý/jistá?
surname příjmení
sweat *(noun)* pot
  (verb) potit
sweatshirt bavlněná sportovní bunda
sweet *(not sour)* sladký
  (candy) sladkost
swimming costume plavky
swimming pool bazén
swimming trunks plavky
switch vypínač
Switzerland Švýcarsko
synagogue synagoga

table stůl
tablet tableta
take vzít
take off *(verb)* vzlétnout
take-away prodej přes ulici
take-off *(noun)* vzlet
talk *(noun)* hovor
  (verb) hovořit
tall dlouhý
tampon tampón
tangerine mandarinka
tap kohoutek
tapestry gobelín

tea čaj
tea towel utěrka
telegram telegram
telephone *(noun)* telefon
  (verb) telefonovat
telephone box telefonní budka
telephone call telefonní hovor
television televize
temperature teplota
tent stan
tent peg stanový kolík
tent pole stanová tyč
than než
thank *(verb)* děkovat
  thanks díky
  thank you děkuji
that: that bus ten autobus
  that man ten muž
  that woman ta žena
  what's that? co je toto?
  I think that ... myslím, že ...
their: their room jejich pokoj
  their books jejich knihy
  it's theirs to je jejich
them: it's them to jsou oni
  it's for them to je pro ně
  give it to them dej to jim
then potom
there tam
  there is/are ... tady je/jsou ...
  is/are there ...? je/jsou tady ...?
thermal springs termální prameny
thermos flask termoska
these: these things tyto věci
  these are mine tyto jsou moje
they oni
thick silný
thin slabý
think myslet
  I think so myslím, že ano
  I'll think about it budu o tom přemýšlet

third třetí
thirsty: I'm thirsty mám žízeň
this: this bus tento autobus
  this man tento muž
  this woman tato žena
  what's this? co je toto?
  this is Mr ... toto je pan ...
those: those things tamty věci
  those are his tamty jsou jeho
throat hrdlo
throat pastilles pastilky
through skrz
thunderstorm bouře
ticket lístek
tie *(noun)* vázanka
  (verb) uvázat
tights punčocháče
time čas
  what's the time? kolik je hodin?
timetable rozvrh
  (railway) jízdní řád
tin konzerva
tin opener otvírač konzerv
tip *(money)* spropitné
  (end) špička
tired unavený
  I feel tired *(man/woman)* cítím
  se unavený/unavená
tissues papírové ubrousky
to: to England do Anglie
  to the station na stanici
  to the doctor k doktorovi
toast toast
tobacco tabák
today dnes
together společně
toilet záchod
toilet paper toaletní papír
tomato rajče
tomato juice rajčatová šťáva
tomorrow zítra
tongue jazyk

tonic tonik
tonight dnes večer
  (late at night) dnes v noci
too *(also)* také
  (excessive) příliš
tooth zub
toothache bolest zubů
toothbrush zubní kartáček
toothpaste zubní pasta
torch baterka
tour cesta
tourist turista
tourist office cestovní kancelář
towel ručník
tower věž
town město
town hall radnice
toy hračka
toy shop hračkářství
track suit tepláková souprava
tractor traktor
tradition tradice
traffic doprava
traffic jam dopravní zácpa
traffic lights semafor
trailer přívěs
train vlak
translate přeložit
transmission *(for car)* převodovka
travel agency cestovní agentura
traveller's cheque cestovní šek
tray podnos
tree strom
trousers kalhoty
try zkusit
tunnel tunel
tweezers pinzeta
typewriter psací stroj
tyre pneumatika

umbrella deštník
uncle strýc

under pod
underground podzemí
Underground metro
underpants trenýrky
understand rozumět
  I don't understand nerozumím
underwear spodní prádlo
university univerzita
unmarried *(man)* neženatý
  (woman) neprovdaná
until až do
unusual neobvyklý
up nahoru
  (upwards) směrem vzhůru
urgent naléhavé
us: it's us to jsme my
  it's for us to je pro nás
  give it to us dejte to nám
use *(noun)* užití
  (verb) užívat
  it's no use není to k ničemu
useful užitečný
USSR SSSR
usual obvyklý
usually obvykle

vacancy *(room)* volný pokoj
vacuum cleaner vysavač
vacuum flask termoska
valley údolí
valve ventil
vanilla vanilka
vase váza
veal telecí
vegetable zelenina
vegetarian *(person)* vegetarián
vehicle vozidlo
very velmi
vest nátělník
Vienna Vídeň
view pohled
viewfinder hledáček

villa vila
village vesnice
vinegar ocet
violin housle
visa vízum
visit *(noun)* návštěva
  (verb) navštívit
visitor návštěvník
  (tourist) turista
vitamin tablet vitamínová tableta
vodka vodka
voice hlas

wait čekat
waiter číšník
  waiter! pane vrchní!
waiting room čekárna
waitress číšnice
Wales Wales
walk *(noun: stroll)* procházka
  (verb) procházet se
  to go for a walk jít na
  procházku
walkman® walkman
wall stěna
wallet náprsní taška
war válka
wardrobe šatník
warm teplý
was: I was *(man)* byl jsem
  (woman) byla jsem
  he was on byl
  she was ona byla
  it was to bylo
washing powder prášek na praní
washing-up liquid saponát na
  mytí nádobí
wasp vosa
watch *(noun)* hodinky
  (verb) pozorovat
water voda
waterfall vodopád

wave *(noun)* vlna
  (verb) vlnit se
we my
weather počasí
wedding svatba
week týden
welcome vítat
  you're welcome prosím
wellingtons holínky
Welsh waleský
Welshman Walesan
Welshwoman Walesanka
Wenceslas Square Václavské
  náměstí
were: we were my jsme byli
  you were *(to a man/woman)*
  vy jste byl/byla
  (familiar: to a man/woman) ty
  jsi byl/byla
  (plural) vy jste byli
  they were oni byli
west západ
wet mokrý
what? co?
wheel kolo
wheelchair invalidní vozík
when? kdy?
where? kde?
whether jestli
which? který?
whisky whisky
white bílý
who? kdo?
why? kdy?
wide široký
wife manželka
wind vítr
window okno

windscreen čelní sklo
wine víno
wine list nápojový lístek
wing křídlo
with s
without bez
woman žena
wood *(material)* dřevo
wool vlna
word slovo
work *(noun)* práce
  (verb) pracovat
worse horší
worst nejhorší
wrapping paper balicí papír
wrist zápěstí
writing paper dopisní papír
wrong špatný

year rok
yellow žlutý
yes ano
yesterday včera
yet ještě
  not yet ještě ne
yoghurt jogurt
you vy
  (singular familiar) ty
your: your book vaše kniha
  (familiar) tvoje kniha
  your shoes vaše boty
  (familiar) tvoje boty
yours: is this yours? je toto vaše?
  (familiar) je toto tvoje?
youth hostel ubytovna pro mládež

zip zip
zoo zoologická zahrada